発達障害の子どもの育ちを応援したい
すべての人に

Q&Aで考え

保護者支援

中川信子

学苑社

はじめに

この本は、保育士、教員、療育の関係者など、発達に気がかりなところのある子どものよりよい育ちを願う立場の方からの質問に答えるという形で書いてあります。

そのような立場の方たちは、概してパワフルで、子どもの育ちを願うあまり、「お母さん、子どものために、がんばって」と言いたくなることが多いと思います。

励ます人がいて、励まされてがんばる人がいる。その構図も悪くはありません。が、私はそれよりも、「親と専門家は、子どもの健やかな育ちを共に喜びあう仲間」でありたいと思うのです。

「子どもの健やかな育ち」は、北極星のように、遠いところに輝くはるかな目標。そのはるかな目標に向かって、親も、関係者も、みんなで手を取り合い、力を合わせて進む……。そんなふうに、横並びの関係で協働するイメージです。

「子育て支援は親支援」。子育て支援の分野では当たり前すぎて、もうあまり聞かなくなったことばです。

このことばが言われ始めたころは、まだ、子育ては母親の仕事という考え方が一般的でした。子ども家庭支援センターや子育てひろば、などの子育て支援の場を作る動きに対して、「今どきの母親は甘えている」とか「子ども一人育てられなくてどうする」などの批判もありました。

でも、今では、子育ては母親だけの仕事ではなく夫婦や家族で協力するのが当たり前になり、子どもを遊ばせられる子育てひろばやレスパイト目的でも預けられる一時保育などの制度も充実してきました。子どもの健やかな育ちは、社会全体で支える必要があるという考え方が浸透してきたと思います。

一人の子どもが一人前に育つまでには、とても大変な労力と時間が必要です。育てにくい子や、発達障害のある子どもが育つためには、さらにたくさんの社会的な支援が不可欠です。発達障害と確定したあと利用できる支援のメニューの整備が進み、選べるようにもなってきました。子どもへの望ましい接し方、かかわり方についての知識もかなり行き渡り、子どもへの支援はずいぶん進んできたと思います。

ただ、いまだ手薄なのは、保護者支援の視点です。

みずから選んで発達障害のある子の親になったわけではないのに、なぜ、私だけががんばれと励まされ、がんばらなくてはならないのか。

そんな、保護者の思いに寄り添いながら、子どもの健やかな育ちを実現するために、何ができるのか。この本が、そんなことを考える手がかりになれば幸いです。

「子育て支援は親支援」が、今や当たり前の常識になったのと同じように、10年後、15年後には、育てにくい子、発達障害の子への支援と同時に、保護者への支援が当たり前のこととして行なわれていますように。

中川信子

目次

2 悩みに寄り添う

3 家族・保護者同士の問題

4 子どものとらえ方

5 解決への道筋

1
コミュニケーションの行き違い

2歳の子の自己主張に悩まされるお母さん

Q

保育園を定年退職後、0、1、2歳の親子さんが遊びに来る「子育てひろば」を担当し、子育て相談を受けています。

もうすぐ2歳になるお嬢ちゃんで、活発に動き回り、意志表示のはっきりしているお子さんがいます。要求がかなえられないと大騒ぎし、時に床にひっくり返って大泣きするので、おとなしいお母さんは振り回されています。

先日お母さんは「4歳のお兄ちゃんは、おとなしい性格で、妹に押され気味。すぐにあきらめて譲ってしまいます。2歳しか離れてないせいじゃないかと思うんです。お兄ちゃんが1歳2か月のときに予定外で妊娠してしまって。3歳離れていたら、こんなにガマンさせずに済んだのかな、と申し訳ない気持ちです。お兄ちゃんにも、妹にも十分なことがしてあげられなくて」と涙ぐんでいました。

私は「年が離れていていいことも悪いこともあるし、年が近くていいことも悪いこともありますよ。きょうだいは、組み合わせによっていろんなことが起きますしね。いつでも待ってますから子育てセンターに

通って来てくださいな」としか言えませんでした。

2歳のお子さんは、興味のあることにはしっかり取り組みますし、友だちとの間でゆずることもできるようになってきており「とても元気だけど、そのうちに落ち着いてくるお子さんじゃないかしら」という意識で見ています。

ただ、お母さんは「こんなに我が強いのは、もしかしたら発達障害ではないか」と思っておられるようです。そのあたりにもう少し踏み込んでお話を聞いた方がいいのかな？　とも迷っています。

A 発達障害かどうかの答はあまり性急に求めなくても

発達障害についての情報が行き渡り、育てにくい子と感じる親御さんが、「もしかしたら、うちの子は発達障害では？」と心配することが増えてきています。

過去、不適切な対応によって引き起こされた二次的、心理的障害への反省から、乳幼児期から特性を理解した育て方をして、二次的障害を未然に防ごうとの意図で「早期発見・早期支援」が言われるようになったわけですが、「障害」ということばが一人歩きする現状はちょっと心配でもあります。

ご質問のお母さんの「もしかしたら発達障害？」との疑問ですが、今、イエスかノーとかいう答を求めているわけではないでしょうし、また、軽々しく答は出せないと思います。

保育経験の長い方の目から見て「元気だけど、今におさまっていくのではないか……」と思えるのでしたら、その方向で見ていけばいいと思います。

育てにくさのど真ん中、2歳児時代を乗り切るために

もともと2歳児は「テリブルツー（恐るべき2歳児）」といわれるほど、主張が激しく、こだわりも強く、扱いに窮するお年頃。年齢が進むにつれて、落ち着く子は落ち着くし、逆に、他の子との差が明らかになり、育てにくさも激しくなるようなら保健師さんに紹介するなど、なんらかの手立てを考え始める、との構えでいればいいのではないでしょうか。

時間経過とともにおのずと答が出るものなので、それまでは「お母さんを応援する」という姿勢をとり続けてくださることがいいと思います。

大切なのは、発達障害があるかないかにかかわらず、お子さんにとって望ましい接し方を続けることです。規則正しい生活、たっぷりの遊び、わかりやすい指示、聞いてくれなくてもともかく言い聞かせる態度、など。

ただ、親御さんが強い育てにくさを感じるお子さんの中には、発達障害の傾向のあるお子さんも確かにあります。参考になる本を1冊紹介します。発達障害ではなくても、幼児期の子どもの行動を理解するために役立つ内容です[※]。

「見てるよ、応援してるよ」は、何より大事なメッセージ

我の強い子だと、親の側も無理やり言うことを聞かせようとして疲れるし、子どもの要求に屈服する自分がイヤになる。そもそもの原因は予定外の妊娠、私の不注意かも。同じだけ大切なお兄ちゃんにいつもガマンさせてしまうのも心配で悩みは尽きない。

同じ2歳違いでも、育てやすい子二人の組み合わせならば、なかったはずの悩み。でも、与えられた子は、おとなしい兄と活発でガンコな妹、という組み合わせ。これればかりは、「しょうがない」と受け入れるしかない現実です。

現実を受け入れて折り合いをつけるには、長い時間が必要でしょうが、その過程で「あなたは一人ぼっちじゃないよ」と言ってくれる人が、子育てひろばにいてくれることが大事なのだと思います。

ご質問の親御さんに対してお話しされたという「子育てにはいろいろなことがある」「通って来てください」「いつでも待ってます」とのメッセージは、今の親御さんに、一番必要で有効なのではないでしょうか。そう言ってくれる人の「気持ち」が子育てに苦戦する親御さんを支えるでしょう。

※『発達障害の子を理解して上手に育てる本 幼児期編』木村順（小学館）
※実際のかかわり場面の画像 http://www.youtube.com/watch?v=SFWkdxnFleI

何を考えているかわからないお母さんとの対応に困惑しています

Q

臨床発達心理士です。個別相談（「子どもの相談」）を担当しています。相談に見えるのは、健診で発達に気がかりのあったお子さんです。同じ建物の中にある親子教室（集団遊び）に通う親子さんが、並行して利用することが多いです。

2歳11か月のAくんは、ことばも含めて全体にゆっくりな発達の感じです。保健師さんは、1歳6か月健診後、親子教室をお勧めしたそうですが、親御さんは、「私は集団が苦手なので」と、親子遊び教室には参加されず、個別の相談のみ2～3か月程度の間隔で来所されています。

相談したいのは、Aくんのお母さんのことです。これまで3回お会いしているのですが、どうも不思議な雰囲気で、話を深められません。

こちらが質問したことには答えてくださるものの、それっきりで話が続きません。表情が変わらず、笑顔になってくださいません。目も合わせてくださいません。お子さんには目を向けています。

予約は忘れることなく来てくださいます。「約束だから来ている」だけなのか、おもちゃがあるから遊び場代わりに来ていらっしゃるのか、わかりません。

3歳も近づき、療育的なグループをご紹介するかどうか結論を出したほうがいい時期になってきたのですが、お母さんの気持ちが読めないので、どう切り出したらいいか、困っています。

A 焦っていませんか？

いろんな親御さんがおられますものね。私ほどのオバサン相談員でさえも、たまに、「取り付く島もない」ということばをひそかに頭に浮かべるような方にお会いすることがあります。

そういう方とお会いしているときの不全感というか、居心地の悪いフワフワ感は独特ですよね。その浮遊感に身をゆだねられるような境地にたどりついて、「無理なく場を共有できる」ようになれたら、ほんとに「いい相談、面接」ができるのだろうな、と思います。

多分、あなたは「療育や親子教室につなげれば、現状よりは頻度多く遊びの機会が得られ、発達が促されるのに！ 早くつなげてあげたい！」と、ちょっと焦ってらっしゃるのではないでしょうか？

親御さんは、子どものことを見ています

以前ことばの相談でお会いした中に「のれんに腕押し」みたいな感じのお母さんがおられました。次回予約をして帰るとき、保健師さんが出口で「また来てね～」とお子さんを見送っていたら、お母さんはぽつりと「ここだと子どもが楽しそうに遊ぶんで」とおっしゃったそうです。カンファレンスで保健師さんからその話を聞き「そうだったんだぁ」とガッテンしたことでした。

人に慣れにくく、なかなか遊びを見つけられず、他の子がいるとお母さんにへばりついて、動けなくなってしまうお子さんでした。ことばの相談は個別なので、安心して遊べます。

「何を考えているかわからない」ように見えたお母さんも、子どものことをよく見ていたのです。意識化できない困り感もあったのでしょうが、大事なわが子について「困っている」って口に出すと、子どもを拒絶しているような気がして、言えなかったのかもしれません。

相談に来てくれること自体が「経験を増やす」機会

2か月か3か月おきに、何を思ってかわからないけれど、相談の場に来てくださる。そのこと自体が経験を増やし、発達促進の機会になっている、とお考えになってみてはいかがでしょう?

電車かバスに乗って会場まで来ます。お部屋には楽しい雰囲気とおもちゃがあります。スタッフが遊んでくれます。個別相談なのですからおもちゃも、大人も独り占めです。

多分、おうちでもお子さんからのはたらきかけに対して反応がにぶいであろうお母さんとちがって、打てば響くような対応をしてくれる大人がいるって、Aくんにとってはとても大事なことです。

大事なのは、子どもの発達が進むこと

私たちのミッション、一番大事なことは何なのでしょうか？　それは、Aくんの発達が順調に進むようにお手伝いすること。早期に、スムーズに集団や療育につなぐだけが支援ではありません。

私たちは、療育に通って目覚しく伸びるお子さんたちや、肩の荷をおろして楽になるお母さんたちを多く知っているので、「早くつなげてあげたい！」と願います。

お子さんのようすを見極めて、判断して、療育に「なるはや（なるべく早く）」でつなぐ。それが役割。

そんなふうに思っているこちらの構えがお母さんにも伝わって、もともと人との交流が得意でないお母さんを緊張させている、ってことはないでしょうか？

療育に通わずに、おうちにいても、その子なりのペースで伸びていけるものです。子どもには力がありますから。

何かを「する」（療育につなぐ）ことで成果だと考えるのではなく、「そこに行く」「そこで、いっしょにいる」だけで、子どもと親が安心し伸びていけるような相談。そんなふうにこちらの構えを変えただけでも、きっと何かが変わります。

急に怒り出したお母さん……

Q

3歳児を担当する保育士です。

入園時に「障害児加配」の枠で入ったお子さんがいます。親御さんと協力して育てていきたいと思い、送迎の折や、個別面談の時間を作り、いろいろお話しするようにしています。「他人である先生がそこまでしてくださるなんて」と真剣に私の話を聞き、また、ご自分の恵まれない子ども時代のことを話してくださるなど、しんから頼られている実感がありました。

この信頼関係を基礎に、徐々に、お子さんの日中の生活について、率直に伝えるようにしたところ、手のひらを返したように怒り出し、園長ではあきたらず市役所にまで文句を言いに行くほどでした。

私は、今まで苦労して作り上げてきた関係が根底からくつがえされたみたいで、すっかり人間不信に陥ってしまいました。

このようなお母さんと今後どのように付き合っていけばいいか、わかりません。

A 気づかぬ熱血、丸がかえ!

大変でしたね……。人との間の「ほどよい距離のとり方」は、誰にとっても、一生かけての課題ですよね。こういうことは今後も起きるかもしれません。

保育士という職種には、相手に共感する能力の高い方たちが多いように思います。共感能力の高さは、子どもの気持ちを読み取り、共に悲しみ、共に喜ぶ、ということにおいてはすばらしい特徴で、私はいつも感心しています。

ところがその反面、行きすぎた共感が思い入れ、思い込みに変質することも。ものすごく親切で、「この親子の未来はすべて私にかかっている!」みたいな勢いで熱血、丸がかえ、そして共倒れになる……という結末。

ご質問を読みながら、過去に遭遇したそういう例を思い出しました。

「障害児枠」の屈辱

「障害児枠」の申請をするための「障害児特別入園申請書」。お母さんはどんな思いで書いたのでしょう?書きながら、まるで「あなたのお子さんは、通常のお子さんよりも劣っています」と言われているように感じたにちがいありません。

にもかかわらず申請書を書いたのは、わが子が加配のある恵まれた環境で集団生活をしてほしいという親心。自分のつらい気持ちを押し切ったのだと思います。

「障害児枠」で入園したからといって親御さんがすっぱり「障害受容を完成」したわけではありません。保育園には、ここのところを読み違えている先生方が時々いるような気がします。

わが子が自分の思い描いたとおりの多数派の子ではない、障害のある子だった、という事実と折り合いをつけるには、一生か、それ以上の時間が必要なのです。

どの子も特別の子

ある園長先生が「障害児枠で入ったのに、『うちの子を特別扱いしないでほしい』『みんなといっしょのことをさせてほしい』っていう親がいるんですよっ！」と、さも心外そうにおっしゃっていたことがあります。「障害児なんだから、園の言うとおりにするのが当然」「手のかかる子を預かっているんだ、ありがたいと思うべきだ」という色がチラチラ見えて、これじゃあ、お母さんはつらいわけだ、と私は思いました。

どの子もみんな「特別」で大切な子、〝障害〟のある子だけが特別なわけじゃない、という保育を行なっている園なら、こういう話にはなりませんから。

温かく支える、でも、ほどほどの距離

さて、高いハードルを越えて入園したら、理解ある温かい先生。子どものことを障害も含めて丸ごと受け入れてもらえた。つい気がゆるみ、あれこれ話してしまった。でも、人間は深い気持ちを出しすぎると、そのあと疲れたり言わなきゃよかったと後悔したりもするものです。

そこへもってきて、丸ごと受け入れてくれていたと思っていた先生が、「実は」とばかりに、子ども同士のトラブルや、子どもの行動を逐一報告してくる。「お母さん、何とかしてください、おうちでもちゃんとしつけてください」と言われているかのように聞こえる。実際にそう言っていなくても、疲れて被害的になっているお母さんには、そう聞こえてしまうのかもしれません。

親御さんの側の「問題」の可能性も視野に入れる

一方、親御さんの側になんらかの「問題」がある可能性もあります。

全面的に依存するような過剰な頼り方から一転、外部にまで悪口を言いふらし、周りを巻き込んで振り回す。依存と敵対の繰り返し。そういう「脳のタイプ」をもっている人がいます。依存の時期の頼り方がすごいので、つい、情にほだされてひどい目に会う人が世の中にはたくさんいます。

「親切のつもりが余計なお世話になっていないか?」「私は相手のペースに巻き込まれていないか?」と、時々自分に問いかけ、チェックし、用心深く人との距離を保つことも大事なのだと思います。

理屈っぽいお母さんと、どういう関係を作ればいいでしょうか

Q

児童発達支援事業所の保育士です。私たちのところに週1日、保育園に週4日通っている4歳児さんについてです。

1歳半健診のときにはことばも出始めていて、親御さんはまったく心配していなかったのですが、徐々に対人面の心配が大きくなったそうです。保育園から勧められて4歳になってから通い始められました。

送迎は原則親御さんにお願いしていますが、お母さんは、大企業で専門的な仕事を担当して忙しいらしく、都合がつかないこともあります。そういう場合は幼いときからなじんでいるという年配のベビーシッターさんが連れて来ます。

迎えにはお母さんが来られて、その日のようすや、おうちでしたらいいことなどを事細かに聞いて帰られて、おうちでも熱心に取り組んでいるようです。

お母さんは、「その遊びにはどういう意味がありますか?」とか「その遊具を選ぶのはどういう理由からですか?」とか、事細かに質問されます。月に1回ずつの言語聴覚士と作業療法士の来所日には、まさに質

問攻めという感じです。

私たち保育者としては、子どもが楽しく通って来てくれさえすれば、一つずつの経験を積み重ねて成長していくと思っているので、細かく質問されることに少々困惑しています。

また、おうちで取り組んで、お子さんがうまく乗ってきてくれないと、イライラしてしまうらしいのです。

おうちでの課題などをアドバイスしない方がいいのかなとも思いますが、通所が週にたった1日なので、ついついこちらもお伝えしたいことが多くなりがちです。

A 「納得」は大切

お忙しいのに、お子さんのために時間を作り出して努力するがんばりやの親御さんなのですね。

まったく心配していなかったのに、徐々に心配が大きくなり、という経過を経て、通所に至るまでには、多くの葛藤があったのだと思います。今は目に見えないその葛藤にも心を寄せてあげてくださいね。

人の学び方はいろいろで、〝何となく〟〝自然に〟体得できる方もあれば、「なぜ？」「どうして？」の理由がわかって初めて行動に移される方もあります。

専門職や、会社でテキパキ働いておられる方の中には、理屈から入る傾向の方が多いのではないかと思います。

何を隠そう、この私もその傾向がとても強くて、「理由はよくわからないけど、何だかこういうふうにするといいみたい」などという話にはついていけません。

ある企業の社長さんがテレビで「人は理解し、納得して行動するものだ」っておっしゃっていましたが、後者のタイプの方に対しては、その方の学びのやり方に合わせるに限ります。

遊びの意味や、おもちゃの選定の理由をできる範囲で説明してあげられるようになってください。

療育スタッフの側の成長にも

私自身のことをふり返ると「子どもは生活の中で、一つずつの経験を積み重ねて成長するのであり、特別な訓練のみに頼るのは間違いである」との実感が先にありました。その実感を保護者の方たちにお伝えし、納得していただけるように、と根拠を探したことが、自分の力になったとつくづく感じています。

あなたがもっている「信念」「感じ」「手ごたえ」は、多分正しいでしょう。であればこそ、その「感じ」を理論づけ、お母さんと共有する方策を考えてください。

人に説明しようとすれば、自分が勉強しなくてはなりません。研修に行ったり、本を読んだり、また、定期的に来てくださっているという言語聴覚士や作業療法士を「質問攻め」にして、理論を身につけるといいと思います。役立ちそうな本を紹介してあげるのもいいでしょう。

週1回という低頻度の通所なので、家庭療育の充実が、大きな意味をもちます。お母さんが納得して、正しく実行できるよう、理屈っぽさに合わせて応援することが、即、子どもの育ちを支援することにもなります。

子育てに成果主義はそぐわない

おうちでかかわるときに、思い通りにいかないとイライラする、のですね。

会社での仕事は、やったらやっただけの成果があり、努力すれば努力しただけの結果がついてくる、それが当たり前ですよね。「うまくいかない」＝「私のやり方が悪いのではないか」との発想が身についているでしょう。

ところが、生身の人間相手で、特に小さな子では、ことごとく予定通りにいかないし、予想と正反対の結果になることが日常です。親として無力感に陥り、「私はもっとできる人間のはずなのに！」とのイライラになるのでしょう。

親としての場数を踏むと、予想外の事態への対応にも余裕が出てきて、次の手や別の方法を考えることもできますが、まだ、親としての経験年数がわずか４年のこのお母さんにそれを要求するのは酷というもの。「イライラせずに、気長に取り組んでいきましょう」と励ますのも間違いではありませんが、「そういうとき、イライラしちゃいますよねぇ、ほんとに、わかります」と共感の相づちをうつことが、一番の応援になるような気がします。

お子さんの能力以上の学習課題を求める保護者

Q

特別支援学級（知的・固定）の教員です。私たちの学級では、お子さん一人ひとりがのびのびと自分らしさを発揮し、「わかった！」「できた！」という喜びを十分に味わい、仲間との暮らしを楽しむ「身につく学習」を目ざしています。

そのために、お子さんの現状の学習能力を把握し、適切な教材を選んで、授業にもさまざまな工夫をしています。

お子さんたちは喜んで学校に来てくれているので、やっていることは間違っていないと確信しています。

しかし、保護者の中には、該当する学年の学習にこだわり、「1年生なのだから、字を教えてください」とか、「九九が始まる時期なので覚えさせてください」、あるいは、「学校なのだから、遊び半分ではなく、しっかり勉強させてほしい」など、今のお子さんの状態とはかけ離れた要望をおもちの方がいます。

その都度できるだけていねいにお話しするようにしてはいるのですが、なかなか理解してもらえません。

A

保護者の気持ち

田中康雄先生のことばを借りるなら、私たちは、支援の必要な、知的発達に遅れのあるお子さんとの生活を「自ら選び」ました。その仕事で「感謝されることすら」あります。

でも、保護者の方は、自分のお子さんで、初めて「障害のある子ども」に出会い、「通常」「多数派」ではない育ちを経験することになりました。

周囲からの無理解な視線は残念ながら、いまだ存在し、ともすると親の責任にされる風潮があります。

そんな場合、保護者は、やらせればできる子なのに！　という思いに引き寄せられるのではないでしょうか。

先生が予定している計画表を示す

病院でも、クリニカルパス（診療計画のスケジュール表）を示し、患者の同意を得る時代です。

学校でも、できる限り今後の見通しや計画を保護者に示す必要があるでしょう。

「まだ、文字を教えるには早い」ではなく、「文字を書くには前提となる能力があります。たとえば、タテ・ヨコ・ナナメを実感として把握し、図形として表現でき、腕や手を意図の通りに動かす能力、書く作業の間じゅうしっかり対象を見続ける注意持続力などです。今の時期はそれらの力を総合的に育てることを目標としています。体育の時間に、校庭に自分で大きく△、□、○などを書いて鬼ごっこをしているのも、図の形を把握するために考えてやっていることです」など、保護者が納得できる説明を心がけます。

そして、「次第に、黒板や紙の上で□を書いたり、□の中にナナメの線を書いたり、点結びをしたりなど、細かい机上での作業に向かうように考えています」と、見通しを伝えられるでしょうか?

保護者の要望すべてに対して、納得ゆく説明はできないにしても、「見通しがあってやっていることなのだ」とわかれば、保護者も無用な焦りから解放されるのではないでしょうか。

知的発達に遅れがあるということ

お子さんは、就学相談の際などに、発達検査を受けたことがあるでしょう。保護者は、結果を「7割の発達です」というふうに伝えられていることが多いもの。「7割なら、半分よりずっと多い。ちょっとがんばれば、追いつけるんじゃない?」と考えても不思議ではないですね。

知的発達に遅れがある、ゆっくりである、ということを、こんなふうに説明してはいかがでしょう。

「現在6歳5か月のBくんの発達が7割だということは、月齢換算77か月×0.7=53.9か月、年齢換算で4歳6か月ということになります。4歳6か月とは、幼稚園の3歳児組の後半か、4歳児組の夏ころの感じ、ということですね。ひらがなや漢字や算数を次々教わる1年生のクラスに3歳児さんがいたとしたらついていくの、難しいですよね。

単純に逆算すると、77か月÷0.7＝110か月。つまり、Bくんも9歳すぎまで待てば、無理なく字を書いたり計算したりできるようになるかもしれないんです。

機が熟するまで待てば、無理なくできることがたくさんあります。学年にとらわれず、じっくりいこうと申し上げているのはそういう意味です」と。

幸せな人生を見すえて、先輩につなげる

私だったら、さらにこう付け加えたいところです。

「学校を18歳で終えて、寿命まで生きるとすると、あと60年か70年人生があります。幼児期や小学校は、成人してからの長い人生が充実したものであるための心の基礎づくりの時期。この時期に無理させられずに済むと、そして『わかった』『できた』『もっとやりたい！』という気持ちをしっかり育てると、後々ののびしろが大きいんですよ」と。

そして、できることなら、ゆったりじっくり育って、今現在充実した生活をしている先輩のお母さんなどに、体験談を話してもらう機会をつくるなり、そういう場を紹介するなりして、視野を広げてもらえるといいのかなと思います。

子どもたちはクラスで、学校で、地域で、みんなの中で、みんなと一緒に育っていきます。障害があればなおのこと、知り合いを広げながら、健やかな育ちを保障する姿勢が保護者には必要ですから。

支援級の保護者の要望に応じきれません

Q

特別支援学級（知的・固定）の担任です。大学時代から特別支援教育をこころざし、経験7年目です。クラスは8名で、知的な遅れはあるが、コミュニケーション良好なお子さんが大半です。

今年の低学年に、就学判定は特別支援学校だったが、保護者の希望で支援級に入ったCくんがいます。自閉症スペクトラム障害の特性があり、理解面も他のお子さんに比べると大きく遅れています。私は、就学判定結果にとらわれず、目の前のお子さん一人ずつに全力で向かい合うことを自分に課していますが、Cくんの保護者の要望の強さに困惑しています。言い方も、きつくて……。

「クラスにスケジュールボードがないのはおかしい」「自閉症の要素があるCには視覚的に示してほしい」「授業が高度すぎてCにはわからない、もっと易しくかみ砕いて取り組ませてほしい」「ことばかけのタイミングが悪い。Cの注意をひきつけてから言えばわかるはず」「身体面での働きかけが足りない。就学前には感覚統合指導を受けていてよい効果があった」などなど。

クラスはCくんだけではありません。Cくん以外のお子さんには、中学年に向けて、言語指示だけでも動

ける力や、状況判断する力を身につけてほしいと思って視覚支援を意識的に減らしています。

Cくんのお母さんが授業参観に来られる日は、「あーあ、また、いっぱい文句を言われるのか……」と気が重くなります。Cくんに接するときに、その気持ちが現われないかと心配です。

「このクラスでは、お母さんの要望にこたえるような十分なことをしてあげられない。特別支援学校に移った方がいいのではないか」という思いも心の中をよぎります。

A 何よりも子どもの利益のために

お子さんを大切にしたいのに、保護者の存在が雑音になって、先生の気持ちが子どもから遠ざかりそうになるんですね。ありがちなシチュエーション。

保護者のきつい言い方を、先生側が誘発している場合もあります。先生ご自身が「私は専門家、教師なんだゾ。保護者に言われたくない！」って少しかたくなな気持ちになっていませんか？

何よりも大事なのは先生のメンツでもないし、保護者のゴリ押しを通すことでもなく、Cくんの健やかな成長、ただそれだけ。それを見失わないことです。

先生は、特別支援教育の専門家かもしれないけれど、Cくんの養育の第一人者は保護者です。それに、勉強熱心な保護者の知識は、ちょっとした教員の知識をはるかに超えていることがたびたびです。どんなに理不尽に見える保護者でも、保護者を尊敬し、保護者から学ぶことを忘れないでください。Cくんの保護者の言い分、あながち間違ってないと思います。

自閉症スペクトラム障害のお子さんに有効な支援は、すべてのお子さんにとって有効

先生は、「視覚支援」があると、いつまでもそれに頼って自立できない、とお考えみたいですね。でも、たとえば、難しい漢字にふられたルビ（ふりがな）。漢字を読めるようになると、ルビに頼らず漢字を読み進んでいけます。私たち大人も非常口マークや、トイレマークなどに頼っていますが、生活はちゃんと自立できてます。視覚情報は、何歳になってもとても便利なツールです。別に卒業させる必要はないのでは？

必要とする子が一人でもいるかもしれないクラスでは、視覚支援も、わかりやすくてタイミングのよい注意喚起してからのことばかけも、全部、これからもずっと大切にしてください。

クラスで一番遅れ気味のCくんに焦点をあてた発想をしてクラス運営を見直してみませんか。

保護者の気持ちを想像し、保護者の力を活用する

保護者は、クラスのほかのお子さんが楽々とクリアするいろいろな課題を、Cくんが苦戦し、クリアできずにいるのを見るのが辛いのではないでしょうか。勧められた特別支援学校を選ばなかった自分の選択が間違いだったかも、という自責の念もおもちで、それが、担任の指導力不足のせいだ、という責任転嫁を生み

出している可能性もあります。

先生は、この道を「こころざし」たのですが、保護者は予想だにしなかった「障害児の親」という立場に突然立たされてしまったのです。いろいろ腹立たしいことはあるでしょうが、保護者の側の気持ちをまずは想像してください。

仲良くなるためには、話してわかり合うことより、同じ目的をもって一緒に仕事をしてみることが一番です。Cくんの保護者の知識や熱意を、クラス運営に生かせないでしょうか。たとえば、「ためしにスケジュールボードを置いてみようと思います。Cくんに向いていて、クラスのほかの子にも役に立ちそうなものを、試作していただけませんか？」と依頼するとか。「出番がある」「役に立てる」ことが保護者の気持ちをやわらげて、仲良しになれる可能性も。

私は「親と専門家は子どもの健やかな成長を共に喜び合う仲間」という境地に立ちたいものだといつも思っています。

仕事で忙しい保護者になんと言えば？

Q

療育機関の職員です。土曜日に通って来ているお子さんは小学生です。両親は共働きで帰宅時間すら一定しない忙しさです。学校の宿題に取り組むのでせいいっぱいらしく、こちらでお話しする生活の中での繰り返し指導をなかなか実行してもらえず、身につきません。
両親とも本人の悪いところにばかり目が行き、また、兄弟と比較して怒ってばかりで、本人もどんどん自信を失っています。忙しそうなので無理も言えず、どのように子どもとかかわってもらったらいいのか、困っています。

A

ご両親とよく話し合う。私たちは「わかり合うために話す」のです。

このご質問を見て私が最初に感じたのは「そんなに忙しい中、学校以外の療育の場に、よく連れて来てくれるなぁ。どういう魅力があるんだろうか？」ということでした。そして、最後のフレーズ「忙しそうなので無理も言えず」というところを読み、ちょっとあったかい気持ちになりました。担当者が両親の生活の大変さを理解しつつもお子さんの将来のために何とかしたい、という気持ちをもっていることが感じられたからです。

ご両親は多分「自分たちにはできないけれど、ここに通えば、何かが好転するんじゃないか？」という期待があるのでしょう。両親そろって、じっくり話す時間を取ってみてはいかがでしょう？ 話すよりも聞くことに重点を置いて。どんな子に育ってほしいと思っているのか、どんな将来像を描いているのか、などを。

「無理」は言えないにしても、良かれと思っての「提案」はできると思います。

親を組み込んだ支援のネットワーク作りのために「お手紙」を利用する

それと、一番主要な場である学校、学級担任、コーディネーターと認識を共有して〝みんなで〟この子の育ちを支えようとする流れを作ることが今後の親子のあゆみに必要なことと思います。

クラス担任または学校のコーディネーターあてのA４判１枚程度の連絡（お子さんの現状、自分の機関で行なっていること、めあて）を１学期に１回でも２回でも出してはいかがでしょう？

その連絡の最後の部分に、３〜４行程度でもかまわないので、「学校でのようす」「担任から」のお返事を書き込める欄を作り保護者を通してコピーした返事をもらうといった方法が取れるのでは？「連携票」のスタイルです。

お手紙（連携票）を、子どもが通う学童保育所やおけいごとにも渡してもらえたらなおグッド。保護者が中心となって作成する「サポートブック」の原型ともいえます。

保護者の理解を進めるチャンスになる

下書きを作った時点で保護者に目を通してもらい、意見を入れて修正することも大切なステップ。保護者がこの「お手紙」の記載内容を目にすること自体が、子どもの実態や、療育担当者の「思い」を理解するための貴重なチャンスになりますし、逆に、保護者の思いを知る機会にもなるはずだからです。

支援者と保護者の見方をすり合わせ、共有して〝子どもの健やかな育ちを共に喜び合う仲間〟になれたらいいですね。

忙しくて、おうちでの持続的な指導が難しいとしても、わざわざ療育機関に通って来ているからには、親としての〝思い〟がきっとあるはず。その〝思い〟を有効に作動させるためには、子どもの実態についての「正しい理解」が必須です。

保護者が子どもをよりよく理解するために、支援者や先生による説明や解説が役に立たないとは言いませんが、「支援者（や先生）と一緒に何かを〝する〟〝作りあげる〟」ことの中で「なーるほど、そういうことだったのか‼」と、腑に落ちる経験ができると、受け身的な他力本願的な構えから、親としての積極性が生まれることが期待されます。

支援者はできることしかできない

療育スタッフは「やればできる子なのに。毎日の積み重ねがあればもっと伸びるだろうに。みすみす発達の機会を失って残念‼」と、くやしい気持ちになることもあるでしょう。

でもね、療育スタッフのイチ押しのやり方を100パーセント守ったら、非のうちどころのない人に育つのでしょうか？　もし、その子が文句のつけようもない安定した人格をもち、能力を最大まで伸ばしたとしても、そのために保護者が疲弊し、きょうだいの心が不安定になるとしたら？

保護者は、保護者なりの条件の中で（家族構成、仕事のきつさ、ぜんぜん上手じゃないかかわり方、も含めて）最善を尽くしている、と思ってあげてください。稼がなければ子どもを育てることも十分にはできないご時世ですし。

スタッフは、どんなに子どもを大事に思っても、親の代わりにはなれません。所詮は交代可能な支援者であるにすぎないという限界の中で、おうちでもやってくれ〝たら〟とかやってくれ〝れば〟とか思わずに、「今、ここ」で自分にできることだけを誠実に果たす。それで十分なのだと思います。

タラ、レバは、食べるだけ‼

いろいろ話すと「わかりました」と言うのに、実行してくれない保護者

Q

通級教室の担任です。自分の息子が育てにくい子どもだったので幼児期から相談機関に行ったり、講演会に参加して発達障害や検査や指導法について学んできました。

息子は、幼児期の落ち着きのなさは、徐々におさまって来たものの、就学後は読み書き困難が大きくなりました。

そんな個人的事情もあったので、特別支援教育が始まるのとほぼ同時に、希望して通級の担当になりました。

特に、ディスレクシア（読み書き困難）のお子さんの書字以前の姿勢保持の困難さ、追視や眼球運動の問題へのアプローチ、iPadなどの機器の導入なども含めて、勉強がきらいにならないように、自己評価を下げずに思春期を迎えられるようにと願って、試行錯誤しています。

さて、担当しているお子さんの中に、高学年で、文字の読み書きがとても苦手なお子さんがいます。作業療法士さんの評価も受け、回転刺激などを多く取り入れると、読み書きが改善する可能性があると言われて

います。

お母さんにも、一度ならず、作業療法士さんの指導場面を見ていただき、個別にも伝えていただいています。そのときは「あー、そうなんですね。なるほど。よくわかりました。家でもやってみます」と、とても前向きなお返事なのですが、一向に実行してくれる気配がなく、お子さんの不適応は日に日に強まる一方です。「どうせ俺なんか」が口癖で、目つきもだんだん荒んできているようで心配です。お母さん自身も、文字系のことは苦手、とおっしゃっています。

感覚統合的な働きかけが万能ではないとは思いますが、今なら、ぎりぎり効果が上がる可能性があるのに、残念です。

どんなふうにしたら、こういうお母さんに「ストン」と伝わるでしょうか。

A 「納得」は、なかなか難しい

発達障害の要因や特性は、本当にわかってもらうことが難しいですね。

本を読むのが得意で、自分で知識を仕入れたい傾向の親御さんだと先生以上に物知りになることもありますが、本を読むのが不得意だと、なかなか大変。

そのお母さんも、本を読んだり、理屈で理解するのが不得手な方だけれど、今のところ、立派に、というか、何とか社会生活を送っているのですね。

「私も読み書き苦手だったけど、何とかなってるから、この子も大丈夫」っていう思いが底の方にあるのでしょう。

話は変わりますが健康法っていろいろあります。塩分制限、食べ過ぎない、睡眠をとる、くらいは何とか努力できても、きな粉がいいだのゴマがいいだの、やれ、青汁だ、といろいろな提案を、全部やるわけにはいきません。

健康問題で悩んだときにトライして、「ああ、ほんとだ、これはいい！」と実感でき、体験に裏打ちされた健康法なら、信じるし、熱心に実行することができますが、何とか生活が立ち行く状態では、トライする気が起きないでしょう。

「ご縁」なんて言ってしまうと、ちょっと違うかもしれませんが、その親子さんが、そういう「ああ！ほんとだ！」と思えるような機会に巡り合えるまでは、事態は動かないのではないでしょうか。

とはいえ、あきらめろというのではなく、たとえ、うるさがられても言い続けることは大事です。

先生への信頼があるのですから、「先生がそんなに言うなら騙されたと思って、ちょっとトライ」って思ってくれるかもしれませんから。

わかってもできない事情が

「なるほど！」と思っても、きょうだいがいたり、お勤めがあったりして、この子だけに時間を割いているわけにはいかないという事情があるかもしれません。

そのご家庭がどんな「生活」をしているのか気になります。たとえば、お母さんが、昼と夜の仕事をかけもちして、家計を支えているとか、高齢の家族があり、毎週介護に通っているといった事情。いろんな事情の中で、人は「できることしかできない」ものです。いいとわかったとしても、全部はできない、とその程度の距離感も大事と思います。

体験した先輩保護者の話を聞くチャンスを作る

もう一つ、よい機会になるかもしれないのは、同じようなシチュエーションを体験し、行動が改善したお子さんを持つ先輩保護者の話を聞く機会をさりげなく作ってあげることです。

最近つくづく思うのは、私たち「センセイ」と呼ばれる者たちがどうあがいても、同じ思いをした保護者同士の説得力には決して勝てないということです。

できたら、保護者の会などを組織し、保護者同士のつながりづくりを応援し、さりげない日常の付き合いの中で、「ああ、そうなんだ」と思える糸口づくりを、と思います。

お子さんのようすがどんどん悪化するのはご心配でしょうが、どうにもならない事情に立ち至らないと親御さんが行動を起こしてくれないことも多いものです。

それまでは通級担任と、クラス担任とで連絡を取り合ってできる範囲のことで努力してお子さんを支えてあげてください。歯がゆいですけど、それしかできないと思います。

進路選択の時期が迫るが、学校に来てくれない保護者

Q

中学校の教員で、生活指導主任兼特別支援コーディネーターをしています。中学は、従来から課題のある生徒を多くかかえて可能な限りの手立ては講じてきました。特別支援教育の開始以来、以前にも増していろいろな問題が共有化・顕在化してきていると感じています。

ご相談は、中学2年生男子です。

小学校からは、入学直後から、勉強についていけず、差が開く一方なので、何らかの支援を勧めようと、保護者と何回も連絡を取るが、仕事を理由に一度も学校に来てくれなかったとの申し送りがありました。

高学年では他児からの無視などもある一方、保育園時代からの仲のいい友だちもあり、勉強はまったくわからないながら、学校には楽しく通えていたようです。

中学進学後、保護者は三者面談にも来てくれませんが、提出物に「学校で友だちと仲良くしてほしい」と書いておられたことがありました。

笑顔の多い、素直で人柄のよいお子さんで、守ってくれる友人もあります。しかし、今後、進路選択の時

期を迎えます。教員側では、特別支援学校の高等部など、就労に視点をあてた進路選択が必要と考えるのですが、声をかけても学校に来てくれない保護者に、一体どういうアプローチができるでしょうか？

結局行ける高校がなくて、中学卒業後在宅になってしまうなどということだけは避けてやりたいというのが、かかわる教員全員の共通した意見です。

保護者（お母さん）はシングルで高校生のしっかり者の姉がいます。お母さんは看護師さんだと聞いています。

A 中学校教員もがんばってますね！ でも、保護者の努力にまず敬意を

巡回専門家チームの一員になって以来、中学の先生方のご苦労を切実に感じます。今回のお子さんと同様の話が出ることもあり、そのつど「こうすればいい！」と特効薬的な提案ができたらいいのだけれど、と思うばかりです。

学校にとっては、「呼び出しに応じない困った保護者」ですが、その先入観を除いて保護者のことを想像してみます。

「シングル」「専門性の高い仕事をして」「二人の子どもを育てている」こと。子どもは「しっかり者の姉」と、「ニコニコ笑顔の多い、素直で人柄のよい弟」に育っていること。このことに関する保護者の苦労と努力に、まずは最大限の敬意を払いたいものです。

周辺からの情報を集める

相手が「学校のセンセイ」というだけで保護者が身構えるのは当たり前のこと。また、かたくなに見える態度のうらにはこれまでに何回も傷つけられた体験があるのかもしれません。

スクールカウンセラーや養護の先生など、保護者の側に立つ、または中立的な立場の人に間に入ってもらい、保護者の事情や思いをもう少し集めてみる必要がありそうです。

地域や周辺に、このお子さんのことを気にかけている人がきっといるはず。

親戚や近所の方たちなど、サポートしてくれる人はいないでしょうか？

クラスの他の保護者、土日の部活での保護者同士の交流のようすを部活の顧問に聞くなどして、保護者や地域の中に、応援団の「カギ」になる人を見つける努力をしてみましょう。補習塾の先生がそういう存在になっているかもしれません。

要は「教員対保護者」「説得―屈服」の構図ではなく、子どもを中心にすえた支援ネットワークで「共に考える」姿をイメージできるといいのですが。地域に開かれた学校であれば、実現可能なはず。

文書でも「思い」は伝えられる

学校は、一般的に「直接」「顔を合わせて話す」ことをとても大事にする文化があると感じます。でも、この忙しいご時世、特に仕事をもっている人が、先生の勤務時間内に仕事を休んで学校まで足を運ぶのは、本当に大変なことです。

おまけに話題は「ついていけていません」「他の場に移った方がいいですよ」的な話になりそうだと推測できるのですから足が鈍るのは想像できます。

「お子さんの将来のことを一緒に考えたい」「よりよい選択を考えましょう」という先生方の「思い」を文書でお渡しするのはどうでしょう？

一度で「はい、わかりました！」となるはずはないので、何回も重ねて。

流れに任せるのではダメかな？

最後に蛇足を承知でひとこと。

ご質問を読んで、先日、ある地方で聞いた話を思い出しました。

年間出生数が50人以下。特別支援学級も整備されておらず、すべての子は保育所から小中学校いっしょ。

少人数の複式学級で育つ。勉強のできない子もいるし、イジメも仲直りもある。

中学卒業後行き場のない子には「うちによこして、畑を手伝ってもらうから」と声をかけてくれる人がいて。

今はまだ、「細かく支援を行き届かせること」が課題ではありますが、特別支援教育の行くべき先は、能力的に及ばない点があっても生かされる場があるインクルージョン社会を作ることなのでは？

学校も含めて、私たち、何か、見失っていないかな？　と心配になります。

保護者自身に「特性」があると思える場合があります……

Q

通級教室教員です。自ら希望したわけではないのですが、発達特性について勉強するにつれて、「そうだったのか!」と目からウロコのことがたくさんありました。自分自身、学校生活が大変だった理由がわかり、生きるのがラクになりましたし、家族に対してもおおようになれたと感じています。

通ってくるユニークな子どもさんたちを、とても大切に思えるようになりました。通常級のころ、「みんなと一緒にできない困った子だ」ととらえていたことを申し訳なく思います。

さて、通級教室は、子どもも保護者も自ら望んで来られる場合、担任や教育相談などに勧められ、通う意味もよくわからないままましぶしぶ通って来る場合など、一人ずつ異なった事情を抱えています。

そんな中、最近目につくのが、「通級の送迎という労力と、授業を抜けるという犠牲を払っているのだから、それなりの成果を出してくれなければ困る……」と、面と向かってはおっしゃいませんが、そんな硬い雰囲気を感じる保護者さんたちです。ご自分もある種の「特性」をおもちなのではないかと思われることも少なくありません。「自分のことをタナに上げて、子どもにばかり努力と成果を求める」姿をよく目にします。

自分にも弱さがある、と気づくことができたら、お子さんにも優しくなれて、ご自分もラクになるだろうな、と思うのですが、教員の立場として「あなたも、独特の方ですね」などとは口が裂けても言えませんし、みなさんどうしておられるのかなと思います。

A

さりげない気づきを用意する

確かに難しい問題ですよね……。

私自身、「実は私も発達障害系の特性をたくさんもっているんで結構大変なんですよー」などと笑い話的にお話しすることがあります。実際にそうだからなのですが、あまり親しくない方から「確かに、中川さんは、発達障害の傾向を強くもってますねぇ」と感心したみたいに言われたら、ちょっとムッとすると思います。自分で言うのはいいけど、人には言われたくない。

自分を知ることが他者理解の始まり。そのあたりを、あまり「発達」と直結させず、生活と結び付けて理解しやすくできたらいいかもしれませんね。

それともう一つ。「成果主義」は、通級に限らずこの社会をおおっています。目に見える成果でなくとも、こんなところが進歩した、というミクロな変化に気づき伝えられる力量をもつことは必要です。

「えじそんくらぶ」から出ているいくつかのパンフレットを参考に

自己理解を進めるとは、無理やり障害を認めさせる、ということではありません。チェックリストでいくつ以上○がついたらアブナイとか、一律にそういう話の進め方はしない方が無難です。中には、そういう突きつけられ方で「スッキリしました！」っておっしゃる方もありますから、いちがいに否定はできませんが。

ＡＤＨＤをもつ人たちや家族、周りの人たちを応援することを目指しているＮＰＯ法人「えじそんくらぶ」は、いくつかのパンフレットを公開しています※。

「青年期以降のＡＤＨＤの理解と支援の冊子〜大人のＡＤＨＤストーリー〜ＡＤＨＤという名の贈り物」や「実力を出し切れない子どもたち〜AD/HD の理解と支援のために」などです。

えじそんくらぶの理念は「障害は理解と支援で個性になる」です。どの小冊子も、ＡＤＨＤ＝注意欠如多動性〝障害〟というよりＡＤＨＤという名のＧＩＦＴ（才能）として紹介しようとしています。

そして何より「（自分やお子さんに）ＡＤＨＤがあってもセルフエスティーム（自尊心）を下げないでほしい」との願いをもって作られています。

障害は理解と支援で個性になる

ご質問のお子さんと保護者は、ＡＤＨＤ傾向の方ではないかもしれませんが、上記の小冊子はいずれも、日常生活の中での「ある！　ある！」な困りごとを題材に、発達特性との関係を説明し、どう乗り切っていく方法があるかをユーモアたっぷりに紹介してありますから、子育て支援ブックの1冊として読めます。

えじそんくらぶ代表の高山恵子さんの書籍はもうお読みになりましたか？

代表的なものは『おっちょこちょいにつけるクスリ』（ぶどう社）。

小さいときから多弁で多動で失敗ばかりの恵子さんでしたが、どんなに失敗しても動じずに見守ってくれる人や、「（失敗したけど）がんばったね」と言ってくれる人が常にそばにいてくれたおかげで、セルフエスティームを下げずに生きてこられたと書いておられます。

通級は成果を求められる場ではあります。でも、遠い将来に「私たち親子でまあまあよかったね」と言いあえる親子の基礎を作る場所でもあるはずです。

「障害は理解と支援で個性になる」。

このことを、質問者と保護者のみなさんとで共有していけるといいですね。

※「えじそんくらぶ」ホームページ（http://www.e-club.jp/）「AD/HDの冊子無料ダウンロード」

2
悩みに寄り添う

療育に通うといいとわかっているのに、通う決心がつかないお母さん

Q

経験4年目の保健師で、乳幼児健診と各種相談事業、1歳半健診および3歳児健診後のフォロー教室を担当しています。

1歳半健診で「ことばが遅い」など心配のあるお子さんは、保育士と心理の先生が参加する「親子遊び教室」にお誘いして、家庭でのかかわりの改善を図り、経過を観察しています。

教室に通ううちに伸びて終了になるお子さんがいる一方、問題がはっきりしてくるお子さんもあり、必要性を見極めて、町が設置している療育の場にご紹介する流れになっています。

すんなりと療育を選ばれる保護者もありますが、でも、「入園後の伸びに期待したい」とか「集団の中で伸びて来ているので、ようすを見たい」とおっしゃる方もあります。

3歳代はともかく、4歳児、5歳児になり、その子なりに伸びてはいても、他の子との差が開き、自信を失い、当園しぶりも出て、落ち着かなくなっているのに、お母さんは最近できるようになったことを数えあげて療育の「りょ」の字を言われないように防衛しておられるように見えることも少なくありません。

「他の子と比べて遅いのはわかっています」とおっしゃるなら、なぜ、療育に通わないのか、と疑問です。子どもたちの健やかな成長のために、と町が用意した療育は、指導にも定評があり、通った人のほとんどは「通ってよかった」とおっしゃるのですが。

A 頭でわかっていても、気持ちがついていかない……

おっしゃることは、まさに正論です。

ですが、人間は「頭でわかっていても、気持ちや行動がついていかない」こと、あります。あ、ほんとにそうだな、って感じられ、行動を起こせるために、どういう援助が考えられるでしょうか？

お子さんが通っている園の中にいる療育の経験者または卒園した先輩保護者に話を聞けるチャンスを作るとか、「ほんとに楽しい場所なのでのぞいてみるだけでもどうですか？」と見学してもらうとか、できないでしょうか。

園の集団では「みんなと一緒にやれるか？」「ついて行けるか？」ばかりで保護者もつらい思いをしています。でも、小集団の療育では、一人ずつの子どもたちが大切にされ、とびっきりの笑顔で過ごしている姿を見ることができますよね。

私もそうでしたが、保護者は誰しも「わが子が大事」。わが子が大切にされ、笑顔になれる場所なら敷居が低くなります。「子どもが大事」な気持ちを保護者と共有できるといいですね。

保健分野特有の発想を常にふり返る

「家庭でのかかわりの改善を図る」「経過を〝観察〟する」「終了になる」「〝問題〟がはっきりしてくる」「（紹介する）流れになっている」などの言い方。

あまり気づいていらっしゃらないかもしれませんが、保健分野特有の見方や用語ですよね。私も、関係者同士ではこういう物言いをしますが、こういう〝言い方〟をするということは、そういう〝見方〟をしているということ。

ナーバスになっている保護者は、質問者や私たちの言外のそういう振り分けるニュアンスを感じて、何となく「イヤな感じ」になっておられないでしょうか。

親御さんの今と将来にとってよかれと思っての行動なのですから、保護者に迎合する必要はありません。きっぱりと伝えるべきことは伝えなければなりませんが、その伝え方、言い方に、自分たちの慢心が見え隠れしていないか、常にふり返ることは大事だと思います。

療育につなげればおしまい、すべてよしというわけではない

「療育につなげる」という言い方が広く使われます。保健分野では療育に「つなげた」つもりでも、実は

「つながって」いなくて、小学校に上がってから「ええーっ」っていう場合もあります。

療育に「つなげる」のは何のため？

保護者を「うちの子には障害があります。療育を受けないと、伸びませんからよろしくお願いします」と降伏（?:）させるためではありません。時々、このあたりの了見ちがいをしている自称〝支援者〟にお会いすることがあるので、あえて申し上げておきます。

そうではなくて、どうやらみんなとは少し違うらしいお子さんを、どう理解しどう育てていったらいいか「一緒にやっていきましょうね」と支えてくれるスタッフに会うためです。

誰にもわかってもらえないと思っていた悩みを心から分かち合える保護者仲間に出会い、励まし合いながらの子育てをできるようになるためです。

そして、療育の場で行なわれている、お子さんにとってわかりやすく無理のないほめじょうずな接し方を学び、おうちでもそれを実行していただくことで、お子さんがその力を十分に伸ばして、生き生きしていけるようになるためです。

「なぜ、療育に通わないんだろう?:」の疑問にはお答えできませんでしたが、親子の幸せな一生を願う、という気持ちを再確認して保護者に向き合ってみると、療育に通いたくない、通えないさまざまな理由や「なぜ?:」がもう少しクリアに見えてくるのではないでしょうか？

「心配していない」という親御さんに、どう伝えたらいいか、いつも悩みます

Q

保健師です。経験年数が7年を越えました。毎月たくさんのお子さんとお会いすると、たとえば、ただ元気・活発なだけの子と、注意が持続できずに落ち着きなく多動な子の違いがなんとなくわかってしまいます。

1歳半健診のときにことばが遅く、行動面でも気になることのあるお子さんは、なるべく早くフォローグループにお誘いした方が、後の伸びが順調だということは何回も経験しました。ですから、グループにお誘いすることに躊躇はありません。でも、まったく気にしていない親御さんには切り出しづらく、ついつい「ようすを見ましょう」と言ってしまいます。親御さんを傷つけず、かつ、過度に心配させない伝え方はあるでしょうか。

A

そうなんです！

私は今日、美容院で同じようなことを考えていました。

数年前、秋口に毛がたくさん抜けるので、「こんなに抜けると、髪が薄くなっちゃうんじゃないかと心配」とスタッフに言いました。スタッフは「秋はそのぐらい抜けても普通なんじゃないですか。もともと毛が少ないほうじゃありませんしね」と言ってくれたので一安心。

でも、その後数年たちました。決して毛が少なくなってきたという自覚はないけど、また相談してみようかしら、と思いました。でも、待てよ。「最近はカツラが進歩しましたから心配いりませんよ」などと妙な慰められ方をしたらイヤだし、と質問するのをやめました。

そして、お母さんたちは、きっと同じような状況だな、と苦笑いした次第。

先に言われたら確かにショック。でも……

全然自覚がないのに「髪、減ってきた感じしませんか？」などと先に言われたらさぞショックでしょう。

たとえ、「よく効くトニックがありますよ」ってフォローしてくれたとしても、ね。

親御さんたちも「活発な子だ」「お父さんも3歳までしゃべらなかったって言うし」程度にしか考えていないときに、フォローグループや療育に誘われたらショックを受けないわけはありません。

ただ、ショックを与えないために、見て見ぬふり、というのはいただけません。

ショックはあるでしょうが、「早くから、療育的なていねいなかかわりに舵を切ると、お子さんはもてる力を十分に発揮できるようになる可能性があります」と見通しを説明し、「ぜひ、お勧めしたい」と、積極的にグループにお誘いするといいと思います。苦いことを言うのであれば、同時に「希望を処方する」。それが傷つけないために大事なのだと思います。

「誰かが、どこかで」もあるけれど、「私が、ここで」の覚悟を

学校の巡回相談では、「どうして、ここまで、何のケアも受けずに来てしまったの！」と嘆きたくなるようなお子さんがたくさんいます。もともとの特性（障害）は小さいはずなのに、自信のなさ、無気力、または、過度に攻撃的な態度など、明らかに二次的・心理的障害が前面に出ているお子さんたちです。

こういうお子さんを少しでも減らしていきたいものです。そのために「私ではない誰かが、どこかで」拾ってくれるだろう、ではなく、「私が、今、ここで」と考えていただきたいのです。もちろん、うまくつなげられなくても「誰かが、どこかで」ケアにつなげてくれる地域全体のネットワーク作りは必要ですが。

保健師は、基準にもとづいて少々キビシくても、きちんと伝えることをあらかじめ期待されている職種です。

「私は発達的に心配があるお子さんを早めに支援につなげることを要請される職種です。その立場の者として申し上げるのですが」という前置きをして（実際にことばに出して言うかどうかは別ですが）「税金で雇われて」「役目として」やっているんだ、ということを自覚する必要があると思います。

ショックが楽しい思い出に化学変化を起こしうるようなグループ運営と面接を

実際、渋る親御さんを説得しフォローグループに参加していただいているうちに、2歳後半を過ぎて、お子さんのほうが急激に「大化け」(あるお母さんのことば)して、完全にキャッチアップ(追いつく)する場合だってあります。発達初期には、質的にも時期的にも、発達の個人差がとても大きいからです。

結果的に保健師側の見込み違いであっても、親御さんが「ほら、言ったでしょ。だ～か～ら、私は大丈夫だって思ってたんだ」とぷんぷん怒りながら卒業して行くのではなく、「ちょっと脅かされたけれど、とても楽しいグループを経験できて、よかったです。誘ってもらえて感謝!」と言ってもらえるかどうかがカギです。

障害の様相が明確になっていくにせよ、心配が減って卒業になるにせよ、「大切にしてもらった」「気にかけてもらった」「いっしょに考えてくれた」という思いが残り、「今後も何かあったら、保健師に相談すればいいのね」と思ってもらえるよう、フォローグループの内容の精選と、ご自分の面接力向上の努力をなさってください。

アトピー対応でいっぱいいっぱいのお母さんをどう支えてあげれば……

Q

発達がゆっくり、対人関係もやや薄い印象の2歳7か月のお子さんです。2か月に1回、発達センターの継続相談に見えています。乳児期からアトピーだったそうですが、総合病院で指導を受けて現在、肌はきれいです。

お母さんは病院での指導「絶対に掻かせない!」「掃除!」「入浴後のスキンケア!」「除去食!」を忠実に守ろうとして、ピリピリしています。1日に6回掃除機をかけ、寝具は毎日2回取り替えて洗濯するそうです。

相談中、お子さんが何となく自分のひじに触っていたのですが、お母さんはすかさず「掻かないよ!」と制止し、お子さんはビクッとしてお母さんの顔を見ていました。1日に何回こういうことがあるのかな、と、気になりました。

「ちょっとでも手抜きすると、肌の状態がてきめんに悪化するので、一瞬も気を抜けないんです」とお母さんは疲れたようすでした。

幼児期に肌の状態を悪化させないことは大切なのでしょうが、毎日こういう緊張した生活、ピリピリした親子の関係では、伸びるものも伸びないのではないかと心配です。「掃除の回数を減らして、その分、一緒に遊んであげたら？」と言いたくなってしまいます。

3歳を過ぎると、通園部門に移行するので、週に2回の登園ができるようになります。

A

アトピー性皮膚炎とは長いつき合いになる

大変ですね。私自身の息子もひどいアトピーだったので、身につまされます。

私は医療面のことは専門家ではないので、手に入りやすい『はじめて出会う育児の百科』（小学館）の中のアトピー性皮膚炎についての考え方をまとめました。

①アトピーは基本的に子どもの病気で10〜15歳ころまでに自然によくなっていくものである。
②原因はまだはっきりわかっていない。さまざまな因子が複合的に作用しているらしい。
③遺伝性は強くない。
④食物アレルギーとの関係は証明が困難。2〜3歳を境に反応は減っていくことが多い。
⑤ダニ、ハウスダスト対策は可能な範囲で。
⑥ステロイド剤使用を含めたスキンケアは医師の指導のもとに行なう。

要は、アトピーとは長い付き合いになるのだからほどほどに、自分の可能な範囲の対応をすればOKということ。

お医者さんの指導も、時として一面的

お医者さんは、「受診した人の病気を治してあげる」ことを自分の使命と心得ています。大病院の専門外来だと、患者さんの皮膚の状態を改善し、治療成績を上げることだけに没頭し、ご家族全体の状態とか、お母さんの心の健康にまで目を配る余裕がないのかもしれません。

親が自分の指導をきちんと守ってくれて皮膚の状態がよくなると、お医者さんとしてはうれしいのです。言いつけを守らない「熱心でない親」には、「お母さん！　お子さんが可愛いんだったら、大変でもがんばって続けてください‼」って言ったりします。

人は皮膚をつるつるにするために生きるのではないけれど……

「もう少し気楽に、子育てを楽しみましょうよ」ってお母さんに言ってあげたいところですが、それは、お医者さんを信頼してがんばっているお母さんに向かって言うべきことではないでしょう。

「ちょっと手抜きすると、てきめんに肌の状態が悪化する」というお母さんの話ですが、実は、「手抜きした（＝掃除を1日3回しかしなかった）のに悪化しない」ときだって多分あるはず。「ちょっといい加減に

したけど大丈夫だった」という経験をして、今に、お母さんが自分で落としどころを見つけていけると思います。

除去食は年齢が進むにつれ制限が解除されますから、今より楽になるはず。今は、あとひと踏ん張りの胸突き八丁、ってところでしょうか。

今、できること

3歳過ぎれば週2回の通園が開始になるのなら、それまでお母さんの気持ちの受け止め場所になってあげてください。

親子さんの関係が最善の状態でないのは確かですが、今は、子どもの肌の状態を最優先にしているお母さんの意見を尊重することにします。

まずは、お母さんのやり方を批判しないこと。「1日に6回も掃除機をかける必要、あるんですか？」などと言わずに、「せめて掃除のお手伝いでもできたらいいんですが、何も力になれなくて、すみません」など、お母さんのがんばりを応援してますよ、という姿勢を示します。

お母さんと子どもとが日中二人だけで過ごし、お母さんの頭の中は常にアトピーのことでいっぱい！という状態を打開できたらいいですね。

2か月1回の来所を貴重なチャンスととらえて目いっぱい楽しく遊び「あー、おもしろかった」と親子が笑顔で帰っていくようなかかわりをしてあげることも、今のお立場でできること、だと思います。

幼稚園を休ませたくないから、療育には通わないという保護者

Q

就学前の療育機関の職員です。私たちのところは、2歳児までは週に2回の通所、3歳以上になると集団療育が週に1回、個別の言語と心理が1か月か2か月に1回というシステムになっています。

3歳以上では、なるべく地域の幼稚園や保育園に通ってもらおう、園の側にも受け入れを意識してもらおうとの目標があってのことです。

2歳児以前から通い始めているお子さんではあまり問題は起きないのですが、3歳以上で、園の集団生活に参加してはじめて他の子との違いに気づかれて相談に見えるお子さんの場合によくある問題は「幼稚園を休ませたくないから、療育には通わない、個別だけ受けたい」という親御さんです。幼稚園一本では、将来、問題が大きくなってしまうのではないかといつも心配しています。

A

「休ませたくない」にもいろいろな事情が

「幼稚園を休ませたくない」は表向きの理由であって「（療育に通うということは）うちの子が多数派の子たちと違うってこと。そんなはずはない！」と思っておられる場合もあれば、園の側が「休ませると休み癖がつくので休ませないでください」と伝えている場合もあります。

「休み癖がつく」ような子は、ほんとは集団生活がストレスになっているのだから、休み休みだんだん〝大丈夫に〟していってあげるのが正しい解決法だと私は思いますがね……。

1日だって休むと二度とついていけなくなるんじゃないか、製作物などができなくなるのはかわいそう……などの思い。

いずれであれ、もっともな事情です。

保護者はわが子の状態に意外と早く気づいているものです

わが子がどうも、ほかの子たちと少しちがうらしい。多くの親御さんたちは、3歳児健診のころにはうすうす気づいていることが多いと思います。もちろん、全く気にしてない方もありますが。

そして、「専門機関に相談なんかしたらさあ大変、障害だ、障害だと決め付けられてロクなことにはならない……」と思っておられることも多いでしょう。

そういう心配があながち的はずれでもないような、イヤな感じの対応をする機関だってまだまだ多いことですし。

祈る思いで、3歳を待ちかね、11月の入園面接のときにも「ことばが遅い」とか「落ち着きがない」ということを理由に入園を断られるのではないかとハラハラしてやっとはいれた園。ぜったいに手放したくないのは無理からぬことです。

「集団の力」は確かにある。でも限界も……

入園にあたっては、「みんなといっしょにできますように」「うちの子はことばが遅いだけだから、集団に入るときっと魔法のようにことばも伸びるにちがいない（成長するといいな……）」と期待をもっておられたことでしょう。

これればかりはやってみないとわかりません。私たち専門家と言われる人間たちが、「大丈夫かな、ちゃんといっしょにやれるのかなー」と心配して送り出した子が予想外に健闘し、ことばも増え、行動も落ち着いて「よかったですねぇ、やっぱり集団の力は大きいですねぇ」と言ってあげられることだって確かにあります。

一方、集団行動に乗っていくことができず、園からも「？」というまなざしで見られるようになる場合もあります。

入園後3か月くらい「ようすを見て」やっぱり気がかりがあったから相談に見えたのでしょうか。「集団の力」をもってしても、改善に至らないには、子どもの側の事情がある、ということでしょう。

信頼関係を作ることでしか……

喜んで療育に通う親御さんばかりではありません。こちらが何とかしようと思っても、相手のあることですから、今すぐには何ともならないことが多いもの。時間が必要です。

3歳児さんも秋を過ぎるとほかの子たちが大きく成長します。4歳児さんになるとさらにルールのある遊びが増えて、苦戦する子がはっきり目立つようになります。園に行くのを嫌がるようになることも増えます。

親御さんにとっての何らかの困りごと、心配ごとが出てこないと、療育へはつながらないと覚悟しましょう。もちろん、お子さんの現状やこちらとしてオススメしたい方向は、注意深く、かつはっきり伝えることは大切でしょう。週1回に抵抗があるのでしたら、月に1回午後とか、3か月おきの相談とか、その親御さんが続けて通ってこられるような受け皿を何とかひねり出してあげられないでしょうか。無理だったら、3か月ごとに電話するだけでも。

「見守ってますよ」「気にかけてますよ」「お子さんの成長を期待してるんですよ」というメッセージを送り続けてください。自分と、自分の子どものことを大切に思ってくれる人がいる、という実感が信頼関係を築き、時間はかかっても、よい解決につながる可能性を開きます。

くれぐれも「見張られている」と思われないように、ことばに気をつけてください。療育のすばらしさを知っていると、「こっちの水はおいしいよ！　早くおいでよ」って勧めたくてたまらなくなるのですが、そこは、押さえて、押さえて。

思い通りではない子どもに悩む保護者

Q

子ども家庭支援センターで相談員をしている臨床心理士です。虐待予防も大切な業務の一つなので、丁寧な、でも、見落としのない相談を心がけています。

あるお母さんについて相談します。泣き声通報がきっかけで継続して来てくださるようになった方です。実際には泣きわめきが激しいだけで虐待ではなかったのですが、近所の方に通報されたことが大きなショックだったようです。

お子さんは2歳半。可愛らしい坊やですが、動きまわり、気持ちの切り替えが難しく、気に入らないと大きな声で泣きわめきます。ことばが遅く、コミュニケーションも、やや希薄な印象があります。

いろいろお話しする中で、長い不妊治療を受けた末に授かったお子さんだと話してくださいました。「夫婦ともにどうしても子どもが欲しかったんです。不妊治療のために、仕事もやめて、何百万円もお金をかけて、やっと会えたわが子なのに、ちっとも可愛いと思えないんです。赤ちゃんを抱っこして、笑顔いっぱいに育てるはずだったのに。追いかけ回すのも大変で。やっぱり40歳を越えてから生むなんて無理があったのかしら、不妊治療なんかしなければよかった、と思うんです」と涙しておられました。

センターとしては、お母さんの気持ちを徹底して聞くことを方針にしています。今後どんなふうに支えてあげていったらいいでしょう。

A 育てにくさの訴えには、それなりの対策と配慮

昨今は子どもも「選んで」「つくる」ものになりました。人生の自己選択の幅が広がったことは、喜ばしいですが、「選んでしまったことへの後悔」という副産物もあるのですよね。

キャリアが長い分、「責任を取る」大事さが頭に染み付いているんだと思います。「自分で産んだ子なのだから、自分が責任を取らないと！」と、肩に力が入っていて、SOSを出せないのでしょう。

でも、子育てはビジネスの世界とはまるで違います。自分と相手の境界線はないし、始まりも終わりもないし、突発事態が起きるし、弱音を吐くことで逆につながりあうことができるし……。

遠慮なくヘルプを求めていい、と伝えることが大事だと思います。

ことばが遅めで、コミュニケーションも希薄な印象、そういう点でも、通常よりも、ちょっと手ごわい、育てにくさのあるお子さんなのでしょう。

話を聞いてもらうのも支えになるでしょうが、実際の「手」を上手に借りる、サービスを利用するのは

ちっとも悪いことではない、とお伝えしましょう。

体力・気力的に「もうダメだぁ」という事態になる前に、上手に一時保育やファミリーサポートなどを利用してリフレッシュすることをお勧めしましょう。おじいちゃん、おばあちゃんが健在ならジジババパワーも味方につけましょう。

相談員としてみていて、気がかりの多いお子さんであれば、母子保健部門と協力し、通うことのできる遊びグループ（フォローグループ）などをご紹介くださるのも助けになるでしょう。

基本的には時が解決してくれるはず

お母さんは、親になってまだ2年半。ヨチヨチ歩きで、転んだりしても、ちっともおかしくない時期です。

いったん産んでしまった子どもをお腹に戻すことができない以上、大いに悩み、でも、それを、一つずつ乗り越えることでみんな20年後には一人前の親になるのです。ただ、それまでの間、悩みを一人で抱えこまないで済む、ということが大事と思います。

泣き声通報をしてくれた人に感謝。だって、そういうきっかけがなければ、お母さんが自分からセンターに相談に来ることはなかったでしょうから。

相談をくださった方が子育て経験者ならば、ご自分の体験も交えてそんなことを話してあげられたらいいですね。

人生共通の悩みを見る気が……

産まなきゃよかったと思っても、産んでしまったんだし、不妊治療しなければよかったと思ってもしたのだし、40歳前に出産すればよかったと言っても実際には40歳過ぎてから産んだのですし。すでに起きてしまったことのすべては、たとえ、思い通りでないとしてもそれと「折り合いをつける」しかありません。

人生に共通する苦しみを、四苦八苦といいますね。生老病死の四つに加えて「愛するものと分かれなければならない苦しみ」「怨み憎む者と出会ってしまう苦しみ」「求めるものが得られない苦しみ」「肉体と精神が思いどおりにならない苦しみ」の合わせて八つ。

不妊治療によって、求めたものの一つは得られたわけですが、その後の子育てが思い通りではない、ってこと。でも、生まれてきた以上、生きている以上、どこまで行っても、なんらかの悩みや苦しみから逃れることはできません。

幼児期には親の思い描いたとおりの子どもだったのが、思春期を過ぎてから「こんなはずじゃあなかった」ってことになることだって多々あります。

思い通りにならないのが子ども。子どもを通じて、人間としての成長がある。いつの日か、そう言える日が来るまで、行きつ戻りつの繰り言を聞き、時に「どん！」と背中を押してあげてください。

何を考えているのかわからない親御さん

Q

療育相談センターの相談面接を担当しています。3歳児健診後に保健センターからの紹介で相談に見えた親子さんです。

お子さんは、3歳8か月で、この春から幼稚園に入園の予定です。遊びが幼く、注意が散りやすい特徴があります。お子さんからの働きかけに大人が応えている分には、やりとりも一往復程度成り立ちますが、こちらから誘ってもいっさい応じてくれません。興味の狭さやものを一列に並べて遊ぶなどもあり、自閉症スペクトラム障害につながる行動特徴かとも思われます。発達検査はまだですが、発達の遅れも予想されます。

お母さんには、少人数または個別での療育的かかわりを開始して、幼稚園入園・集団参加に向けての準備を始めましょうと提案したのですが、「はぁ〜」「お父さんもマイペースなんで、この子も似てるんじゃないか」とおっしゃるばかりです。予約の回には、ちゃんと来てくださるので、相談に何らかの意義は感じてくださっているのだと思うのですが、いったいどこから切り込んでいったらいいのか、困っています。

A 「よくぞ来てくださいました！」とねぎらい、歓待することから

「保健センターから3歳児健診後に紹介されてきた」とのことですが、「療育」と名のつくセンターに、よくぞいらっしゃったと思います。それだけ、なんらかの心配や不安があるのでしょう。

ある親御さんは親しくなってから「やまいだれの付くところ（「療」）になんか、絶対、行きたくなかったです」とおっしゃいました。また、「白旗を掲げて軍門《ぐんもん》に降《くだ》る覚悟で行くんですよ、親は」とも。ちなみに「軍門に降る」とは戦いに負けて敵に全面降伏すること。若い方は聞いたことがないかもしれないので念のため。

まだ集団参加しておらず、他児との差を感じるチャンスがなく、おうちで好きなことをして遊んでくれて、そこそこコミュニケーションも取れていて可愛い。しかも、お父さんもマイペースなのですから「あらあら　まあまあ、お父さんに似たのねぇ」程度で、おうちでは特に困っていることはないのでしょう。

お子さんのできないことや課題を指摘するだけではなく、よくぞ来てくださいましたと歓待し、「相談に行ってよかった」と思える時間を提供するよう配慮しましょう。もしも逆の立場だったら、その方が絶対うれしいでしょうから。

集団に参加してから、状況を共有する

「親と先生は、子どもの健やかな成長を共に喜びあう仲間」です。

子どもへの最終責任は親御さんが負います。相談員や先生は、確かに少々の専門的な知識や視点をもっていますが、それをふりかざすことなく、親御さんの子育てを上手に手伝うためのツールとして使いましょう。

相談員は「この先、集団に入ると子どもが困るのは目に見えている!」と思うでしょうが、親御さんの目にはそれはまだ見えていないのです。今の時点で強く療育を勧めても、お母さんにとっては「将来起きるかもしれない不吉なことを持ち出して脅かされた」とのとらえになりかねません。

その上、おうちだけで過ごしていて経験不足気味だった子の場合などは、実際、集団生活参加後に、興味が広がり、落ち着き、見違えるほど成長して相談者側の取りこし苦労を反省するハメになることも少なくありません。

ここは親御さんの気持ちを尊重し、「集団参加で伸びるといいですね。私も楽しみにしています。でも、みんなと一緒にできなかったり、何か心配なことが出てくるかもしれません。そのときは私たちの方でお手伝いできることがあります。なので、また、5月とか6月とか、園生活が落ち着いてきたころに来て、お話を聞かせていただけませんか?」とつないでおけばいいと思います。

「今度いらっしゃるときに、幼稚園の先生に園でのようすを簡単なお手紙にでも書いていただけたら、とても助かります」とも付け加えられたらなおいいですね。園の先生が、直接親御さんに話しにくいこと、た

とえば園生活についていけていないようすなどを具体的に書いてくださり、その内容を親御さんも目にすれば、子どもの実態を知るチャンスにもなります。

生活についての情報共有からお母さんの「困り感」が見えてくる

「来てよかった」「何でも聞いてもらえた」という関係を作りだす中で、「実は奇声を出すので近所に気兼ねだ」とか「夜なかなか寝ないのが悩み」など、大切なポイントが出てくると思います。「子どものこと」に直接切り込むことをあせらず、「子どもを育てている親のこと」つまり生活全般について、それこそ、世間話的に話していくことも有効です。

「お買い物とかはどこでされるんですか?」という話題から「(すぐに逃げ出してしまうので)自動ドアのコンビニではなく、重い手動ドアのコンビニをわざわざ選んで行っている」などの切実かつ重要な情報が得られるものです。そこを、支援・応援の糸口にしていけばいいのではないでしょうか。

子育て支援は親支援。親御さんを支えてあげてください。

いろいろな機関を利用する保護者

Q

療育にかかわっている保育士です。療育に通い始めて1年になる4歳8か月のお子さんの保護者について、相談します。

お子さんは、通い始めた3歳半のころは、コミュニケーションが取れず、一人遊びがほとんどでしたが、徐々に笑顔が出てきて、集団活動に参加する場面も増えてきました。保育園では、今も活動に参加できないことが多いようです。

このお子さんの親御さんは、通園開始当初「ことばが遅いだけで、普通の子。私の弟も4歳までしゃべらなかったけど今はエンジニアになっている。なんで、うちの子が障害児扱いされなきゃならないの」との思いを強くおもちで、いやいや通っているようすでした。

その後、お子さんの成長につれて、徐々に職員とも親しくなり、いろいろな話をしてくださるようになりました。1歳半健診でも、3歳児健診でも、「グループに遊びに来ませんか」と誘われたそうです。

ちょっと心配なのは、医療機関や相談機関の情報を集めては、あちこちに出向いておられることです。首都圏なので、探せばいろいろな機関が利用できるのですが、でも、ドクターによって子どもさんの見立てやアドバイスが異なりますし、個別指導や、感覚統合、ペアレントトレーニングなど、各機関で提案されることを全部やろうとすると、親御さんが混乱したり、疲れたりしてしまうのではないかと心配です。

どのように考えたらいいでしょうか？

A お母さんの思いは……

DVD「ことばを育てる語りかけ育児」（アローウィン）は、自分が監修したのに、面白くて何回も見直しています。DVDに出てくるのは「ことばは出ていないけれど表情やしぐさでコミュニケーションが豊かに成り立っている」お子さんたち。はっきり発信してくれるので、親御さんもすかさず応答しやすいのです。

でも、ご相談のお子さんは、コミュニケーションが希薄、働きかけへの手ごたえが少なかった可能性がありますね。

お母さんは、「ことばが遅いだけだと心配していなかった」ということばとはうらはらに、赤ちゃんの頃から、あるいは、少なくとも1歳半過ぎからは、「あれ？」という違和感を少なからずおもちだったのではないかと思います。

そして、「いや、そんなはずはない」と自分で自分の気持ちを打ち消していたのだと思います。療育に通うようになってからは、「今思えば、やっぱり、あれは、兆しだったのだ、もっと早く気づいて手を打っておけばよかった」と思ってらっしゃる可能性が大です。

「した方がいいと言われることは全部やる！」のも大事なこと

療育に通い始めたのが3歳半ということですが、「保健師さんが誘ってくれたときにグループに行っていたら、もっと伸びていたのかもしれない」「もっとしてあげられることがあったのでは？」という後悔の念があるかもしれないと推測します。

あちこちの医療機関や相談機関をハシゴされるのは、「あのときああしていたら」という後悔を繰り返したくなくて、「あらゆる意見を聞き」「いいと言われることは全部やっておこう！」という思いからの行動なのではないでしょうか。

がんばりすぎるくらいがんばる時期も、親子さんの人生にあっていいと思います。かけもちし過ぎて、親子ともに疲労して、やっぱりムリだ、と、大事なものに絞っていくのも、そのご家族が決めること。

親御さんから「先生、どう思われますか？」と質問されたときにご自分の思いを伝えるのはいいでしょうが、先回りしたアドバイスで家族としての歩みを奪ってしまわないようにしましょう。

先生に必要なのは、「がんばっているあなたの選択を、（疲れないかと心配だけど）応援していますよ。気が済むまで、がんばれ！」というまなざしで見守ることだと思います。

渡り歩かずに済むような療育の提供を

親御さんが、あちこち渡り歩くということは、ご自分の所属する機関が提供する療育サービスに満足してもらえていない証拠だ、ととらえる必要があります。

なぜなら、自分の思いにピッタリ来る話をしてくれて、疑問には的確に答えてくれて、なるほどナットク！と思える方針を提示してくれる機関にめぐりあえれば、あちこち渡り歩かずに済むはずだからです。

担当者としては、「せっかくこんなに一生懸命やっているのに」とちょっとイヤな感じがするかもしれませんが、担当者がどんなに一生懸命でも、親御さんが求めるものに応じきれていないのはよくあることです。

「先生には『何でも言ってくださいね』って言われるけど、世話になっている先生方に、『物足りないんです』とは口が裂けても言えません」ってある親御さんは言っていました。

何が足りないのか、どうしてほしいのか、こまめにアンケートをとるなり、面談の機会を作るなりして、親御さんのニーズを把握し、思いに応えられるような療育を目ざしてください。

家の外ではひとこともお話ししない子のことであせっているお母さん

Q

保育園で担当していたDちゃんのことで相談します。今は小学2年生です。

Dちゃんは、とても内気なお嬢さんで、おうちでは何でもお話しするのに、保育園では、ほとんど話しませんでした。巡回の心理の先生に「場面緘黙《かんもく》という状態なので、ムリに話させるような働きかけをせず、さりげなく見守るように」とアドバイスを受け、Dちゃんが楽しく過ごせるように、と心がけました。卒園間近の時期、うっかり言ってしまった感じの「うん」とか「いいよ」などの小さな声を数回聞きました。

お母さんも小学校に入学すれば話すのではないかと期待したのですが、今のところ、学校ではまだひとことも話さず、お母さんもあせり始めて、「先生に当てられたら『ハイ』くらいは言うのよ!」などと言い聞かせているようです。

ご近所なのでお母さんに時々お会いするのですが、私はどんなことに気をつけたらいいでしょうか?

A 場面緘黙、選択性緘黙について

Dちゃんは「場面緘黙」「選択性緘黙」と呼ばれる状態だと考えられます。場面緘黙の出現率は、欧米での調査では0.2％から0.7％とされ、日本でも同じくらいいるのではないかと考えられます※。140人に1人ということは、決して少ない人数ではありませんよね。

私も、相談室内での遊びでは一言もお話ししてくれず、表情もまったく変わらず、うなずいてすらくれないお子さんが、時間が終わって廊下に出たとたんに「お母さん、面白かったね！　また来ようね！」と元気な声でお話ししているのを見て、まさにキツネにつままれた思いがしたことがあります。その後何人か同様のお子さんにお会いし、「ムリに話させるような働きかけをせず、さりげなく見守る」対応によってだんだんにお話しするようになる、と思えるようになりました。

ことばやコミュニケーションの専門家の看板をかかげ知識はもっていた私ですら、実際に何人かのお子さんにお会いし、経過を見届けてはじめて「こういうふうにするといいですよ」とお伝えできるようになったようなわけですから、今回が初めての経験である先生やお母さんがあせるのもムリないと思います。

周りの人に知っておいてほしいこと

「どんなことに気をつけたらいいでしょうか？」ということですが、大きく分けて私からは3つのことを提案します。

①場面緘黙についての正しい知識をもち、その情報をお母さんにも伝える。

②お子さんの現在の状態を「変えよう」とか「直そう」という思いを捨てて、「とりあえず、今のあなたは、そういう状態なのね」と認めることから始める。

③折にふれて、場面緘黙について周りの人にも伝えるようにする。

①緘黙のお子さんたちは、家ではおしゃべりで、活発だったりします。「内弁慶」「話せるのに外では話さない」「強く言ったり叱ったりすれば話すのかも」とお母さんや周りの人が思うのも無理ありません。

2007年に日本では「かんもくネット」http://kanmoku.org/ が立ち上げられ、緘黙の当事者、保護者、緘黙経験者、臨床心理士などが共同して積極的な情報の発信を続けています。

特に、絵本『なっちゃんの声―学校で話せない子どもたちの理解のために』はやしみこ ぶんとえ（学苑社）は、大変わかりやすく、保護者の方たちや園や学校の先生方の助けになると思います。「話さないのではなく、話せない」ということを理解して、あせっている親御さんに伝えていただければと思います。

②場面緘黙の状態になるのは、もともと内気で不安になりやすく、人との関係の中で自分を表現したり主張したりするのが苦手なお子さんだと考えられます。

「話さない」のではなく「話せない」ことを理解して

当事者の言う「声を出そうとするとのどがぎゅーっと詰まったようになって声が出せない」「発表会などで緊張してドキドキするときの、うんとひどいような状態」を想像してみれば、おのずと、必要な対応がわかります。「あなたなりに、努力してるのね」と現状を認めつつ、ムリさせず、安心できる環境を作ってあげること、につきます。

学校は「みんなと一緒に」が強く求められ、プレッシャーのかかる場所。お母さんが「みんなと同じ」にしようとあせるのも無理ないことです。あせってよくなるのならいいのですが、あせりや無理強いはかえって状態をこじらせてしまうことは今までの例からもはっきりわかっています。

「学校に行けている」こと自体、Dちゃんのがんばりの証拠。笑顔で送り出し、あたたかく迎え「今日はお話しできた？」などと聞かずに「おやつ、あるよ」とさりげなく接してあげてください。

見張られている、のではなく、見守られている実感を与えてあげるのが一番大事なことです。

③保育園の受け持ちクラスの親御さんたちや、小学校の先生などに、緘黙について「こういう状態があるんですよ」「こういう接し方がいいんですって」「子育ての基本と同じですよね」と、明るく啓発してください。それが、間接的に、お母さんを応援することにもつながるでしょうから。

※『場面緘黙Q＆A―幼稚園や学校でおしゃべりできない子どもたち』かんもくネット著　角田圭子編（学苑社）

3
家族・保護者同士の問題

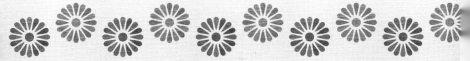

子どものトラブルと保護者同士の関係

Q

保育士です。保護者同士の関係についてどうすればいいかおたずねします。

Eくんは、自分の思うようにいかないと他児をたたいたり、突き飛ばしたりします。保護者にも時々お伝えするのですが、家では大人たちだけの中におり、何でも許してもらえるため、トラブルが起こらず、Eくんの園でのようすがあまりイメージできないようです。

保護者に問題意識がないため、ほかの保護者にEくんのことを説明したり、歩み寄ったりする姿勢もありません。

周りの保護者は「Eくんは乱暴で問題……」ととらえています。また「うちの子がたたかれたのに、謝りもしない」と保護者への反発も出始めています。

こんなふうに、周りの保護者とEくんの保護者の認識に差があり、不満が出ているとき、どのように保護者同士の調整をし、どう伝えていけばよいでしょうか。板挟み状態で困っています。

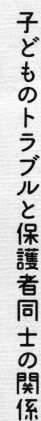

A

「保護者同士」を考える前に

私も園から、トラブルが多い、落ち着かない、などの問題で相談に行くよう勧められたお子さんにお会いすることがあります。

「相談」場面で一対一でじっくり遊ぶかぎりは、理解もよく、「おしまいね」と言われて少しゴネる程度で、まったく手がかからない。なのに、グループ活動にトライしたり、園にようすを見に行ったりすると、まるで別人のようにトラブルメーカーになっています。

一般論ですが、こういった「問題」の解決を目指す場合のアプローチは大きく分けて「相手を変える」「自分が変わる」の二つがあると思います。

今回のご質問では、「①Eくん②Eくんの保護者③クラスの保護者などの他人を何とかする」のか「④自分が何とかなる」のか、ってことです。

私がいつも自分に言い聞かせているフレーズは「他人と過去は変えられない。自分と未来は変えられる」

まずは自分が変わってみること。

さてどんなふうに？

かかわり方を変える

ご質問の文章には「Eくんは困った子だ！」というニュアンスが満々。まずは、そこを変えられないでしょうか？

「自分の思い通りにいかないと他児をたたいたり、突き飛ばしたりする」のですね。Eくんはそのつど、「たたかないの！」とか「突き飛ばしちゃダメ！　危ないでしょ！」と注意されているのではないかと推測します。

その見方をがらりと変えて、Eくんの味方になってみる。Eくんの「思い」を「これが欲しかったんだね」と読み取り「取られていやだったね」と代わりにことばで整理してあげてみたらどうでしょう？　相手の子には「ごめんね」とEくんの代わりに謝る。

そういうことを重ねると、相手の子をたたきそうになったとき、また、たたきながらチラッと先生の方を見たりするようにならないでしょうか？

これは「本当はいけないことなんだ」ってわかり始めている証拠です。

具体的な場面を保護者に伝え、おうちでの対応を聞いて相談する

「今日もまた、こんなにたくさん困ったことをした！」っていうニュアンスで話をされると、保護者も防衛線を張ります。本音での話は出てきません。

「家では問題ありません！」と言いつつも、実は、育てにくさを抱え、ご自分も困っている可能性が大です。

保護者は、Eくんの子育ての経験は先生よりも長いのですから、知恵を借りるつもりで話してみましょう。

「今日のお昼寝の後で、おもちゃの取り合いになってお友だちをたたいてしまったので、私が『欲しかったんだよね』って、代わりに言ってあげたら、すぐにたたくのをやめて返してあげられました。とってもけなげでしたよ。おうちでもそういうこと、ありますか？」とか、「今日、こんなことがありました。おうちでは、どんなふうにされているんでしょうか」などと。

保護者と協力して、Eくんを、よりよい方向に育てていきたいのだ、というメッセージをはっきり打ち出すことが大事と思います。

ほかの保護者に対しては

一番手のかかる子が仲間になれるクラスは、必ず、すべての子にとって居心地のよい、育ち合えるクラスです。

ほかの保護者には、保育者として、クラスのすべての子どもが大切であること、たたいたり、わがままを通したりするEくんであっても「今はできないけれど、今にできるようになってほしいとの願いをもって、いろいろトライしている」ことを、伝えましょう。

保育者がよい面に着目する姿を見せると、ほかの保護者も、降園時のEくんの年少児に親切な姿などを報告してくれるようになるかもしれません。

よい循環に回り始める最初のきっかけは、ご自分で作り出せるはずです。健闘を祈ります。

「子どもを施設に預けたい」と言う保護者

Q

私は療育機関の指導員です。日常の療育指導に入るかたわら、ソーシャルワーカーのような働きをしています。先日、5歳児のお母さんが、「子どもを施設に預けたい」と思いつめたようすでおっしゃるのです。努力家のお母さんだったから驚きました。おうちでのお子さんの行動が大変で、もう、これ以上手に負えないから、とのこと。

家族だれかれかまわず引っかく、かみつく、髪の毛をむしる、暴れる、奇声を上げる、夜は寝ない、カーテンを引きちぎったりふすまを破ったり、ガラス戸も何回割れたかわからない。お父さんが会社から早く帰って押さえ込む役をしているそうで、このままでは会社にもいづらくなってきた、とのことです。同居の祖父母からの手助けがある……との話は聞いていましたが、この数か月祖父の体調が思わしくなく、祖母も参っていて、一挙にお母さんの負担が大きくなっているのだそうです。

お聞きしたおうちでのお子さんのようすは、聞き分けよく療育に参加しているときとはまったく違った姿であることがまずショックでした。それ以上に、施設に預けるというお母さんの選択をどう考えていいのか、迷っています。5歳という大事な時期、離れて暮らすことが、将来にわたって親子、家族にどういう影響を与えるでしょうか。なお、上に2年生のお兄ちゃんがいますが、このお兄ちゃんも最近とても不安定なのだそうです。

A　マイナス要因の多い場面から遠ざけることで、子どもを落ち着かせてあげる

私はこういう場合、いつも、まず、「私がお母さんだったら、どうだろう?」と想像することにしています。このお母さんは、大変な状況の中、ここまでもちこたえて来たこと自体がすごい。「大変でしたね、よくがんばりましたね!」とねぎらってあげたいです。「努力家」が発してくれたSOS、大切に受け止めましょう。

お子さんは「療育のときは聞き分けがよい」とのこと。療育では、人手もあり、周囲が落ち着いていて、これから何が行なわれるのか、何をすればいいのかわかりやすく整理された環境が用意されているからだと思います。

おうちでは、次々予想外のことが起きて落ち着けない、頼みの綱のお母さんも、あたふた動きまわっていて、安心させてくれる存在になりえない。そうなると、行動が荒れてしまうのもムリありません。

療育でのようすから推測するに、「落ち着いていることのできる」能力を、ちゃんともっているお子さんです。お子さん自身も、暴れたくて暴れているわけではないでしょう。「もっと安定した環境において!!」「僕のこと見て!」という表現なのかもしれません。

成人、幼児を問わず、施設入所したり、寄宿舎に入ったりして、別人のように落ち着く人も少なくありません。整理された環境に期待しての入所はトライしてみる価値があると思います。

離れて暮らすことの将来にわたる影響は誰にもわからない……

親子で離れて暮らすことが将来どういう影響を与えるか。それは「やってみなければわからない」こと。「離れて暮らす」、すなわち、「家とは違った環境」がお子さんにとってプラスに働くかもしれないし、マイナスに働くかもしれません。

一方、「離れないで暮らす」、すなわち、気力も体力も限界に近いお母さんと一緒に暮らすことがプラスに働くか、マイナスに働くか、これも、簡単には予測ができないこと。

何事であれ、一つを選ぶとは、それ以外のことを手放す、あきらめることを意味します。人はえてして、あきらめたことの方に宝物が隠れていたのではないかと思うのだそうですが。

選ぶからには、選んだことが一番よい方向に向かうよう、努力することが大事なのだと思います。

施設入所は親にとって苦渋の選択。支持してくれる人が必要

30歳を越えた人のお母さんとお話ししたことがあります。体も大きく、行動障害も激しく、「今までも何回も施設入所を勧められたけれど、もっとがんばれる、まだやれる、と思ってきた。でも、夫婦ともに60歳

を越え、親亡き後を考えると、早めに施設になれておいてもらうのが子どものため、と割り切って……」と言いながらも、どこか、表情はさえません。「『もっとがんばれたはず、実の子を手離してラクをしている』っていう声も周囲からは聞こえてきて」とのこと。

ここまでがんばった人にもまだ「母性神話」がのしかかることに、私は怒りに近い違和感をおぼえました。子育ては本来社会全体の責任。手のかかる子育てには社会の手厚い援助システムがあるべき。施設入所や、短期のレスパイト、日々の送迎、ヘルパー派遣などが当たり前の権利として整備され、淡々と選べるといい、と思うからです。

やむを得ない選択。これしかない、と思いつつも、心は乱れる。苦渋の選択。そのことを理解し、「やむを得ない以上、お子さんにとっても、お母さんにとっても、家族全体にとっても、一番いい結果になるようにしていきましょう。気がかりだったお兄ちゃんに、集中的に目を向けてあげることもできるし、何より、お母さん、少し、体をいたわる時間をもちましょう」と支持を表明し、「これでよかったんだ」「よくしていこう」との思いを後押しする役割を担ってください。

ただ、一つだけ、お母さんにお伝えいただきたいことがあります。幼くて、ことばで説明してもまだわからないだろうと思えるお子さんであっても、どういう理由で離れて暮らすことを選んだのか、きちんと伝えていただきたいのです。そして事情の許す限り面会やお迎えに行くこと。子どもさんは、きっと、ちゃんと心で聞いて、見捨てられたわけじゃない、とわかってくれるでしょうから。

夫の両親に責められているみたいで……

Q

発達センターの療育担当職員です。5歳のFくんのお母さんのことが気になっているので相談します。

Fくんは、知的に遅れのあるお子さんですが、お母さんのゆったりした接し方が効を奏しているのか、のんびりと楽しげに成長を続けています。

ご相談は、お父さんのご両親のことです。お二人とも優秀な教員で「しっかりしていて、よく勉強できる子がよい子」という価値観がしみついていて、「がんばればできる！」が口ぐせ。義父母の家に行くと、「そんなに甘やかすと、伸びるものも伸びないわよ」とばかりに、教える、言わせる、やらせる対応で特訓するとか。

お母さんご自身は、「ゆっくり、じっくり、育ちにつきあっていこうとやっと覚悟を決めたのに、義父母の対応を見てると、苦しくなります」とおっしゃっていました。なお、お母さんの甥にあたる方が自閉症です。「私の身内に障害のある人がいることを、暗黙のうちに責められているような気がして……」とも。

私に何かできることがありますか？

A 年配の人は、今さら変われない。お父さんを味方に

「他人と過去は変えられない」

義理のご両親は「追いつき追い越せ」「人より上に立つのがいいことだ」との上昇志向の価値観で今まで生きて来たのですから、これからもその価値観を通されるでしょう。ああ‼お父さんの話が出てきていませんが、そのような義父母に育てられたにしては、まっとうな（ごめんなさい）人間観をおもちのお父さんなのでしょうか。だとしたらラッキーです。

ここは、まず、お父さんの考え方を確かめることが大事と思います。Ｆくんの一生に責任をもつのは祖父母ではなく、お父さんとお母さんなのですからね。

お母さんが直接お父さんと話すのが難しい場合には、職員が間に入ることも選択肢のひとつ。父親参観や、オヤジの会を設定している療育機関も少なくないと思いますが、お父さんを引き込む仕掛けを考えることが、お母さんを支えることにつながるのではないでしょうか。

「ひとりじゃない」と思えるしくみを作ること、です。

「苦手なものには近づかない」

義父母とは同居ではないごようす。よかったです。苦手なもの、望ましくないものには近寄らないようにするのが一番です。お盆、正月の帰省はやむを得ないから覚悟してかかるとしても、それ以外はなるべく近寄らないようにする、と弱虫の私だったら考えると思います。

「そうは言っても、孫の顔見たいだろうし」ってお母さんがお思いになるなら、その自然な感情に従うのもよし。どちらを取っても良い面と悪い面の両方があるはずです。書き出してみては?

帰省時、お母さんはちょっとイヤな思いをするけど、Fくんは意外と楽しんでいるかもしれない。行き帰りに乗り物に乗るから経験も広がる。「教える! 言わせる!」強制的な対応は一見マイナスみたいだけど、繰り返し特訓によってできることが増えて、Fくんの自信につながる可能性もゼロではない。

帰省しないとすると、おうちで百年一日のごときマンネリ生活。お母さんがイヤな思いをしないで済む代わりに、「せっかく孫の顔を見るのを楽しみにしてるのに、私のわがままで、その機会を奪ってしまったのかも、私さえガマンすればよかった」と自分を責めたりしちゃうかも。

正しいことは一つだけとは限らない

「ゆっくりめの発達のFくんには、ゆったりした、受容的な対応が望ましい」ということは、たぶん8割以上真実だと思います。でも、四六時中、10割全部このゆったり対応で覆いつくさねばならぬ、というわけでもありません。あとの2割で、バリバリ追い立ててみると、思わぬ結果を示すかも。時には刺激も必要。

生活の8割が追いたて型になっちゃうのは避けたいと、個人的には思いますが、私から見るとひどすぎる追いたて型生活に適応して、元気にやっているお子さんもいます。幼児期にしっかり受け入れてもらった経験を重ねた子は意外に強く、順応性もあると感じます。

現在の療育の場で、Fくんも、お母さんも「しっかり受け入れられて安心できる」環境を提供してあげてください。

これが正しくて、あれは正しくないという二分法は、子育てにおいても、人と人との関係においても、不毛です。

あれもあり、これもある。あなたと私は違う。違うけれども、それぞれによきかな……なんて達観できるといいですが、なかなかね。

ご両親に残された人生はもう長くないのですから、孫を貸し出してあげてるのよ、とでも思うことにしたらどうでしょう。万一貸し出したものにキズがついて戻って来たなら、再度自分の手元で修復すればいいだけのことです。

また、身内に障害のある人がいることについて、お母さんがひけ目に思うお気持ちはわかりつつも、義父母が障害のある人を差別するような考えをもっているとしたら、人間の真のすばらしさに気づけない、お気の毒な人たちだなーと私は思います。障害を通して見る世界はこんなにも豊穣だというのに。

お父さんの理解を得るには？

Q

幼稚園の教諭です。支援につなげたい在園児（4歳児・男児）がいるのですが、お父さんの理解が得られず、お母さんが一人でかかえて大変そうです。

お子さんは1歳6か月健診のときに、目が合いにくい、指さしが出ない、ことばが遅いなどの心配があり、2歳から保健センターの健診後グループに通い、終了後に療育に通うことを勧められました。

お母さんは、お子さんの育てにくさ、他の子との違いを感じていて、療育に通いたい希望がありましたが、お父さんが「自分も、子どものときはこんなふうだった。心配しすぎだ」と反対され、また、下の子が生まれたため、療育には通わずに3歳から幼稚園に入りました。

入園後、丁寧なかかわり、わかりやすい指示をこころがけました。次第に落ち着いて、集団行動もできるようになりましたが、4歳児クラスに進級し、他の子の成長めざましく、差は開く一方です。

お母さんはお子さんの状態に気づいておられ、就学前の療育か、就学前1年間（年長組限定）通うことのできる教育相談所主催の就学前グループに通いたい意向がありますが、お父さんに切り出せず、悩んでおられます。

園として、お母さんの大変さと心配はよくわかるので応援したいと思います。お父さんへのアタックの方法について、何かヒントがありましたら、よろしくお願いします。

A お父さんの気持ちももっともです

お父さんには、多いですね。療育を勧められたとお母さんが切り出すと、「オレだって3歳まではしゃべらなかったんだぞ。子どもを障害児扱いするつもりなのか!」って怒り出す人が。

おっしゃる通り、坊やだって、成長につれて、お父さんと同じような立派な大人に育つ可能性は大いにあります。

ですので、障害のあるなし、という観点ではなく、「お子さんが現在困っていること」を具体的に共有して、「何よりもお子さんにとっての利益」を最優先に、一歩ずつ進める態度が必要と思います。

お母さん―お父さんが対立の構図にならないよう、園がさりげなく間を取り持つことが一番大事です。お子さんを最後まで育てていくのはご夫婦なのですから。

保育参観にお父さんを〝強く〟誘う

運動会、発表会、日常の保育参観などにお父さんを〝強く〟誘ってみてはいかがでしょう？ ほかの子と明らかに違う状況を「目にもの見せる」「認めさせる」ために、ではなく、「入園当初はついていけずに大変そうだったけれど、がんばっている姿をぜひ見てください」という位置づけで。

電話は大げさだととらえられそうな場合には、園からの行事のお誘いのプリントに、ひとこと「お父さんにもぜひ見ていただきたい」「お子さんもお父さんに来てほしいって言ってました」と書き添えて。

日常的に電話でお子さんのようすを家庭と連絡できているなら、意図的に、夕方か夜に電話して、お父さんにも伝わるようにする工夫もしてみましょう。

お父さん、お母さんを交えての面談（情報共有の会）を設定

行事を見てもらってからの方が話は通じやすいですが、見てもらってない場合でも、「お父さん・お母さんと協力して○○くんの成長のために努力したいので、おうちでのようすやかかわりを聞かせてください。あと1年半ほどで小学校に入学するので、園としても、できるだけのことをしてから送り出したい」と率直に伝え、面談の機会を設けます。

なかなか来てくださらないお父さんも多いですけどね………。

スムーズな話し合いの成立のためには、「園は、子どものためにできる配慮はせいいっぱいやってくれて

いる」と思ってもらえるような保育を日常的に行ない、保護者（この場合にはお母さん）との信頼関係をきちんと結んでいることが大事です。

一度の話し合いで「わかりました！　療育に通うことが必要だとおっしゃるんですね！　ではそうします！」と言ってもらえることは、期待するほうがムリです。

何回か続けて、こういう話し合いの場を設定することで「実は……」と、お父さんの隠されていた本音が話されることもあるでしょう。親戚に知的障害の方がいて、いろいろな苦労をみていたから、わが子には「ふつう」であってほしいと強く願っていた、などお母さんも聞いたことのない話が出てきたりします。

できたら、専門職の意見も交えて

お住まいの自治体で、巡回相談の制度があり、心理などの先生が定期的に来てくれているなら、「個別対応をしてくれる療育に就学前から通うことで、小学校に上がったときの苦労を減らしてあげられますよ」といった専門職からのコメントを伝えましょう。

園としても、日ごろから、専門機関（療育や教育相談所）のシステムを知り、そこで何が行なわれているかを知っておくことが必要ですね。

「つなげよう！」とのあせりは禁物。最終的に、小学校入学前に就学相談を勧める程度しかできないかもしれません。でも、「園では見守ってもらえていた」という思いをもって入学できれば、就学後に何らかの支援につながる可能性は高くなるでしょうから。

3人きょうだいそろって〝発達マイノリティ〟

Q

小学校の通級指導教室の教員です。

3人のごきょうだいとも発達に課題があるご家族があります。

中学1年生のGくんは、乳幼児期から対人面の希薄さがあり、保健センターのグループや療育を利用。小学校では入学時から通級指導教室を利用しました。先生にも友だちにも恵まれ、自分の長所と欠点をよく知って行動できるようになりました。中学には通級がないので、通常学級のみですが、成績もよく、生徒会の役員をやっています。

5年生のHくんは、幼児期落ち着きのなさが目立ち、やはり、健診後から支援につながり、現在も通級利用中です。SSTや小集団指導の成果か、ずいぶん落ち着いてきましたが、成績はふるいません。

2年生のIさんは、一番下の女の子で、手のかからない幼児期だったそうです。ところが入学後、文字がなかなか覚えられず、苦戦しています。2年生になっても鏡文字が残り、読みは拾い読みです。担任や保護者と相談の上、3年生から通級を利用することになりました。

先日Hくんについての面談の折、お母さんからこんな話がありました。「息子たちには、楽しい学校生活を送ってもらいたいと思っていたので、通級に抵抗はなかったし、通わせてよかったと思っています。でも、今回、一番下の子まで、まさかの通級利用！　この子だけは定型発達と思っていたので……すっかり落ち込んでいます。

私自身も、集団が苦手で読み書きもなかなかできませんでした。小さいころは、とても落ち着きがなかったそうで、学校生活は苦痛でした。なので、私の系統の血を引いたんだからしょうがない、と頭では思うんですが、なんだか、子どもたちに申し訳ないな、と思って。夫は、ごく普通の人なので、夫に似れば楽だったのに」と。

自然体で子育てをしておられるパワフルなお母さんなのですが、こういう思いを、どう受け止めたらいいでしょうか。

A 「そうですよね」「そう思いますよね」と聞きとること

子どもが自分の欠点を受け継いでいると「あーあ」って思うのは、親なら自然な心の動きではないでしょうか。

周りの人が、どんなに「そんなことくよくよしたってしょうがないよ」「今、ここから前向きに歩くことが大事だよ」と言ってあげたとしても、やっぱり気持ちのどこかには、いつまでもこういう思いがあるものだと思います。

私も、息子たちのアレルギーや行動面の特徴について「あーあ、私に似ちゃって」と思うこと、度々でした。周りの人にできるのは、多分先生がそうなさったように「そうですよね」「そういうふうに思いますよね」とうなずきながら聞くことだけで、それが一番必要なことなのだと思います。お母さん自身、今さらこんなこと言ったってしょうがない、ってわかっておられるのですしね。

今まで先生がそのように対応してこられたから、今回3人目のIちゃんまでもが通級か！　という思いを吐露してくださったのでしょうから。

理解してもらえるお母さんに恵まれてラッキー！

お母さんが優等生で、何の苦労もなく学校時代を過ごした人だと、お子さんが学習でつまずいたり、対人関係が上手でなかったりすると、「なぜ？」「どうして？」「みんな、ちゃんとできるのに？」「私はこんなふうじゃなかったわ！」と、頭の中で「？」や「！」が渦巻いて、叱ったり〝ちゃんと〟させようとしたり親子バトルを繰り広げ、結果、親子で迷路にはまりこむことはよく見られます。

その点、ご自分が「どうもうまくいかない感」をもっていたお母さんだと、「ああ、やっぱりね」とか「私と同じだわ」と思える分、子どもに対して一方的な過剰な要求をしないですみます。

そんなお母さんに「当たった」お子さんたちは幸せものです。

長い人生をわたっていくための底力を

高校、青年期と成長したお子さんたちを見ていると、叱咤激励され、がんばらされ、がんばっていろんなことができるようになった人たちの自信も捨てがたいけれど、でも、ゆっくり、無理なく自分の速度ややり方を認めてもらいながら育ってきた人たちの社会性や柔軟さに感動することがよくあります。

いつも申し上げることですが、「高校（高等部）を出たあとの、人生60年」が幸せであることが、一番大事です。

そのために、今の小学生時代が楽しいものであるように、親としてできることをやる、それ以外にありません。このお母さんは、複雑な思いをもちながらも、通級に通い、支援されながら育つ選択をすでに行なわれたわけで、「できることは、やっている」のです。お父さんを説得するにも、かなりパワーを使ったのではないでしょうか？

通級の先生にお願いしたいのは、親御さんのこういう、揺れ動く気持ちを聞き取り、でも、それに巻き込まれることなく、お子さんが自分の課題を越えられるような手立てを試行、実行してください、ということ。つまり、ご自分の職務を坦々と遂行してください、スキルアップも忘れずに、ということにつきます。

＊ご自分もおじいちゃんもLDだったというお母さんが、LDの子どもたちの子育てを綴ったオススメの本『学習障害三代おそろい』松本三枝子著（エスコアール）。

きょうだい共に障害があるとわかった保護者に対して

Q

療育機関と保育園を両方かけもちしているパート保育士です。自分にも、障害のある子どもがいます。上のお子さんが療育に通っていて、しかも、下のお子さんにも障害があることが判明し、きょうだい共に通って来られる場合が以前に比べて多く見られるように思います。中にはお子さんが3人とも通って来たご家族もありました。

こんなお母さんたちの多くは、「また来ることになっちゃってー」と明るくふるまい、また、新顔の親御さんたちに対するリーダー、アドバイザー役もしてくださっており、私たちとしてはとても助けられています。

が、わが家のこと、自分自身のことを振り返ると、外では明るく前向きにふるまうお母さんたちも、内心はたぶん複雑なのだろうなと思い、どう声をかけてあげたらいいか悩みます。

A 保護者が「来てよかった」と思えるよい療育をすること、それが第一

弟や妹にも障害があるとわかったとき、親御さんはもちろん、療育のスタッフも、ある種、動揺してしまいます。「障害があってよかった」とストレートにはとても言えない社会環境がありますから……。

けれども、障害のある子を複数持つ親御さんが、「新顔の親御さんたちに対するリーダー、アドバイザー役」をしてくださり、「私たちもとても助けられている」とのこと。きっと居心地のよい、よい療育が行なわれているのだろうと思います。

「よい療育」と私が考えるのは保護者と共に作り上げる療育。障害があることを、足りないこと、欠点があるととらえ、保護者を叱咤激励してがんばらせるのではなく、どういうふうにかかわったら、もっとのびのび暮らしていけるようになるのか、とポジティブに考え、できたことを認めるようなかかわりをする療育のことです。

たぶん、きちんと組み立てられた、見通しのもてる療育内容だから信頼されているのだと思います。保育士としてのあなたが第一に行なうべきはそういった「居心地のよい」「通うのが楽しみな」「通っているうちに子どもに伸びが見られる」ような療育を作り上げることだと思います。

明るく前向きなふるまいは、お母さん自身の選択。あまり深読みしないで。

人間にはいろいろな面があって当たり前です。人といっしょにいるとき、にぎやかで才気煥発なタレントさんが、おうちではむっつり無口なのもよくあること。

療育の場での明るく前向きなふるまいがムリした明るさと考える必要もありません。新入りの親御さんたちの沈んだ気持ちを明るくすべく努力し、経験者としてのふるまいをすることに、自分の存在価値を見いだしているのかもしれません。そんなときに「ムリしないでもいいよ」と伝えると、お母さんの気持ちの張りを奪ってしまうことにもなりかねません。

ムリしているにせよ、していないにせよ、お母さんが自分で選んでやっていること。周囲が先回りせず、ごくふつうに淡々と接するのでいいかと思います。

療育スタッフは、お母さんに気を配る、みんなで情報共有しながら柔軟に

ただ、ちょっとつらい！という事態になったときに、ラクにSOSを出せて、そのSOSをどこかで、誰かがキャッチする仕組みを作っておくことは大事です。

心理職がそのSOSを受け止める役回りになっているかもしれません。若い心理の先生よりも、子育て経験のあるベテラン保育士や、利害関係のない園長などが適任という場合もあります。また、お母さんとの『相性』みたいなものもあるので、一律に考えるよりは、一人ずつの事情に合わせて考えることが有効です。

いくら専門職でも、大ベテランでも、一人の人を一人だけで支えることはできっこありません。お母さん〝たち〟を、スタッフが情報共有しながら、集団として支えることが大切です。

すべてのスタッフがお母さんの顔色（健康度、という意味ですが）を、毎日よく観察する習慣をもつことも大切。カンファレンスのときに互いに気になったことを出し合い共有します。

気になった親御さんには、たとえば、「昨日の夜は暑かったですね。ちゃんと眠れました？」などと、何でもない声かけします。「あなたのこと、気にかけてますよ」という意思表示として、です。

日常の、そういう軽いやりとりが成り立っていれば、おうちでドーンと落ち込んでしまうことがあっても「実はね、先生、私、疲れちゃったんだわ……」と誰かに打ち明けてくれやすいし、早めの軌道修正が可能になるでしょうから。

立場を替わってあげられない以上、「人はそれぞれ自分の課題を解決しなくてはならないのだ、私は私の、彼女は彼女の」という冷静な立場に立った上で、「私は私の立場で求められていることを、せいいっぱい、誠実にやります」と考え、療育に取り組んでいるあなたの姿が、保護者にとって、ことばよりも力強い励ましになるのだと思います。

4
子どものとらえ方

子どもに吃音が始まったのは自分のせいだと、自分を責めているお母さん

Q

保育士です。3歳半の男の子に2か月ほど前から吃音が始まりました。下に生まれた赤ちゃんが10か月になるところです。お母さんは「下の子が生まれる前後に『お兄ちゃんになるんだから』とプレッシャーをかけた。下の子がハイハイを始めて上の子の遊びのジャマをするのだけど、『お兄ちゃんだからガマンしなさい』と言うことが多く、きっとそれがいけないんだ。忙しくてじっくり向き合ってあげられないし」と悩んでいます。

確かに、園への送り迎えの際に、赤ちゃんに向ける顔と、お兄ちゃんに向ける顔がちょっと違う……という印象もあります。こういう場合、お母さんにどう言ってあげたらいいでしょうか。

A

2、3歳ころの吃音は一時的な「ことばのつかえ」程度で消えていくことも多い

吃音には「ぼ、ぼ、ぼく」とことばの一部を繰り返す、「ぼーく」と音を引き伸ばす、「……っぼく」と音が出しにくくなる、などの状態があります。

吃音の原因はまだわかっていませんが

◎「吃音になりやすいもともとの〝傾向〟」と「周囲の環境」とが関わりあっている

◎2、3歳ころ、ことばの発達が盛んな時期にはじまることが多い

◎幼児期の吃音の7～8割は、大きくなるにつれて影を潜める　などはわかってきています。

とくに2、3歳ころに一時的に吃音があらわれても、何の問題も残さずに消えてしまうこともよくあります。

ご相談のお子さんの場合も、始まって2か月ということなので、一過性のものである可能性も高そうです。「言いたいことがたくさんあるのに、お口がついていかない状態」と仮に理解してはどうでしょうか。

周囲（お母さん）のかかわりのせい「だけ」でおきるわけではない

日本は、子どもに何か問題がある、悪者探しのあげく「親は何をしていた！」「親の責任だ！」と、家族のせいにする風潮が強いですよね。吃音をめぐっても「お母さんの愛情が足りない」「抱きしめてあげろ」「叱りすぎだ」など、周囲からの雑音がお母さんを苦しめます。

「私はこの子に愛情を注ぎ、100点の子育てをしている」と言い切れる親なんていません。ましてや、赤ちゃんがいたら、気を抜くヒマもない。上の子にきつくあたったりガマンさせたりは、ありがちなことです。

でもね、赤ちゃんが生まれたり、お母さんが働いていて余裕がなかったり、叱られたりが原因で吃音になるのだったら、日本の子の大半は吃音のはず。でも、実際に吃音になる子は、ごくごく一部ですよね。

つまり「どもりやすい傾向」が子どもの中にあった、と考えるのが妥当です。

お母さんには自分を責める必要はない、って伝えてあげるといいと思います。

吃音を反省のきっかけにする

ご相談のお子さんの場合、何らかのプレッシャーがかかったときに吃音の症状があらわれやすい〝傾向〟は潜在的に持ち続けていると覚悟（？）しておいた方がいいと思います。

軽くなったりひどくなったりの波を繰り返すのも、幼児期の吃音の特徴で、治まった吃音がまた顔を出すのもよくあること。そんなときは「治ったと思ったのに！」と落ち込む代わりに「あらあら、また出てきたわ」と考え、「心の負担になることがあったかな？」「急がせすぎたかな？」「ひどく叱ることがなかったか？」と、ご自分のかかわりを点検・反省するきっかけにするといいと思います。

私は親御さんに、「プレッシャーに耐えて貯めこんで最後に大爆発するより、吃音という症状でＳＯＳを小出しにしてくれるんだから、わかりやすくて助かったと考えましょう」とお話しします。

望ましい接し方——安心感のある暮らし

さて、吃音のお子さんに望ましい接し方は、かなりはっきりわかってきました。
◎子どもの話をよーく聞く
◎おとなが、自分の話し方のペースをゆっくりめにする
◎生活のペースもゆっくりめにする
◎「言わなくてもわかるでしょ」ではなく、ことばでちゃんと「あなたのこと、大切なんだよ」と伝える
◎意識してひざに乗せたり抱きしめたりする。きょうだいがいるときは二人を片ひざずつでもOK

吃音のお子さんに限らず、すべてのお子さんの育ちに共通することですよね。

ご相談のお子さんの場合には、赤ちゃんが寝ているときなどに、短時間でもお母さんと二人で過ごす時間を作れるといいですね。絵本を読んだり、洗濯ものを一緒にたたんで「助かったわー」と伝えるなど。「生きているって悪くない」「お母さんと一緒にいると安心だー」って思える暮らしをさせてあげること。長い人生を渡っていくためのエネルギーは、幼児期に、がんばらせるより、むしろ、十分に甘えさせ、安心感の陣地を心の中に築くことで蓄えられます。

お母さんには「自分を責めず、がんばりすぎず、でも、折々反省しながら、子育てに励んでください」と伝えたいです。「私も応援しますから一緒にね！」って、保育士ならではの一言もつけくわえてあげてくださいね。

＊わかりやすくあたたかい幼児用パンフレット「うちの子　どもっているのかな?」がダウンロードできます。
ＮＰＯ法人全国言友会連絡協議会　http://zengenren.org/　↓　出版物のご案内　↓　吃音リーフレット（幼児編）

「家ではできます」と言い張るお母さん

Q

児童発達支援（通園）の指導員です。ご相談したいのは、知的な遅れとコミュニケーションの弱さを併せもつ3歳の男のお子さんのことです。園ではあまり発語もなく、集団参加がむずかしく、手の使い方も上手でなく、遊びが広がらないので職員もかかわりに苦慮しています。

私どもの園では、お母さんと定期的に個人面談を行ない、お子さんの現状に合わせてご家庭で重点的に取り組んでほしい課題について話し合います。たとえば、洗濯ものたたみとか、靴をそろえるなど、遠い将来の自立に向けた生活を意識してほしいからです。

面談の際、あれこれお話ししても、お母さんは「うちでは話します」「昨日も、『牛乳飲む』と言いました」「パンツをきれいに四角にたたんでくれます」など、「家ではできます！」と言い張ります。

園でのお子さんのようすから考えると、まだ、そこまでのことができるとは考えにくいのですが、このようなお母さんに、どう接していったらいいでしょう？

A 援助する（つもりの）側の人に多く見られる相手を支配したい気持ち

ふふふふ。ご質問を読んで、隠された「怒り」を感じてしまいました。意地悪な言い方をすると、「お子さんの力を伸ばすために、将来のために、こんなに親身になっていろいろ考えてあげているのに、どうして、素直に私の言う通りにしないんだぁぁぁ！」という思い。私にも覚えがあります。

ある本で読み、以来、心に留めていることがあります。それは、以前にもお話ししたことがあるかと思いますが、「援助者といわれる側に身を置く人は『いいお仕事ですね』とか『あなたは親切ですね』と社会的に認められるような仕事を通じて、相手を支配したいという気持ちが人一倍強い人たちなのだ」ということ。

質問者が、根っから親切で献身的な方なのだとしたら失礼な話ですが、自分の内なる支配欲に、常に敏感であろうとすることは、対人援助職にとって必要な態度だと思います。

やわらかな見方、とらえ方を。おうちと外とでは、行動もずいぶん違う

「知的な遅れ」「コミュニケーションの弱さ」など、子どもを評価的に見ることは最初の取っかかりとして必要ですが、それは、子ども理解のために利用するツールであり、「知的な遅れのある○○くん」「コミュニ

ケーションに弱さのある○○くん」というラベルづけのために使ってはならないと思います。

今回の質問の文の行間に、あれができない、これができない、困った子と困った親だ、という気分が感じられました。親御さんも、そういうこちらの側の欠点探しのような態度に微妙に反応しているのではないでしょうか。こちらが力めば相手も力んでしまうものです。

「家でできるとは考えにくい」とありますが、大人も、子どもも、外と家とではふるまい方がずいぶん違うものです。「コミュニケーションに弱さがある」との見立てのお子さんであればなおのこと、慣れない場所や、ほかの子が何人もいる場所では緊張が高くなり、本来の自分らしさを発揮できていなくて当たり前、ととらえましょう。

親御さんの話は疑わずに聞く、信じる

お母さんが「家ではできる」と「言い張る」とのこと。私がお母さんの立場だったら、「できるはずがない」と思われていると感じたら、疑われているみたいでくやしく、悲しい気持ちになり、「私の話をちゃんと聞いて！　信じてほしい」と願うにちがいありません。

「知的な遅れがあるのだから、できるとは考えにくい」との先入観を捨て、「へぇ～　おうちではできるんですね！」と驚きとうなずきをもって聞き取りましょう。

できると見えたのは、親の欲目だったかもしれません。でも、それはウソなのではありません。「『ことばを言う』『できる』子なのだ、と親御さんが見ている」ということ自体が大事な情報の一つです。

「安心・安全なおうちでならできていることを、徐々に集団の中でも、慣れない場所でも発揮できるよう、無理なく広げるお手伝いをしたい」とのこちら側の思いをきちんと伝え、「お母さんは、どんな工夫をしておられるんですか?」とお母さんに教えてもらいましょう。

お子さんが力を発揮するための大事な前提はスタッフと親御さんとの信頼関係

私自身がいつも体験することですが、初めて相談に見えるとき、親も子もとても緊張しています。当たり前ですよね。

親御さんへの聞き取りを進め、「へぇ〜」「はぁ〜」「それはスゴイ!」と会話が進み、親御さんの方が笑顔になったり、笑い声が出たりするようになる頃、無言で遊んでいたお子さんの方も声を出し始めたり、表情がゆるんだりします。

子どもが本領を発揮するためには、スタッフと親御さんとが信頼し合い、ここは安心できる、と思える「場」づくりをまずは心がけるべきでしょう。

こうしたらいい、ああしてはいかが? という提案は、安心できる「場」で行なわれてこそ、親御さんに受け入れられ、実行してもらえるのだと思います。

子どもをよく見ていないお母さん

Q

公立の児童発達支援センターの職員です。早い子は2歳代から、一方、幼稚園入園後に園から勧められて3歳、4歳で通い始めるお子さんなど、通所開始のルートはさまざまです。

そんな中で、気になる親子さんがいます。休まず登園し、親子参加のプログラムにも参加してくださり、忘れ物や提出物の遅れなどもなく、お子さんの世話も行き届いているし、ことばかけが粗くもなく、申し分のないお母さんなのですが、あるとき、スタッフの多くが気になると思っていたことがわかりました。

何が気になるんだろうといろいろ話しあった結果、「そうだ、お母さんは子どものことを見ていないんだ！」という意見が出て、スタッフみんなで「それだ！」と納得しました。

歌遊び、サーキット、その日のトピック課題（製作など）、お子さんと一緒に動いてくださるのですが、見ているのはリーダーや目標物や製作物ばかりで、お子さんに目をやることがほとんどないのです。

そういえば、スタッフと話すときにもあまり目を合わせてくださらないね、という話も出ました。こういうお母さんのことをどう理解し、どういう働きかけをしたらいいでしょうか？

A お母さん自身が苦手なことの多い人かも

お母さん自身が、人と目を合わせるのが苦手、人と付き合うのが苦痛ということが考えられます。私自身もその仲間なので、ひとごとではありません。

もしそうだとしたら、たぶん、一度に一つのことしかできない、リーダーの動きに注目すると子どもを見ることができない、集団の騒音（にぎやかさ）の中でリーダーの指示を聞き取るのは至難のわざ、他の人の動きに気をとられていっぱいいっぱい、などなど不便な特性が数珠つなぎ状態になっている可能性がありま す。

お母さんにそういう「特性」があると仮定し、お手本を見る時間を確保し、次にお子さんと一緒にやる、などスモールステップに分けて、一つずつクリアできる工夫をします。

また、ことばを字義通りにとらえたり、雰囲気を読むことが苦手な人がいる場合には、どういう配慮をすればいいんだったっけ？ を考えます。そう、短く、的確なことばを使いましょう。

「見本をやります。よく見てください」「次はお子さんと一緒にやりますよ」「お子さんの右側に立ってください」「お子さんの表情を見てください」など、細かく、かつ、わかりやすい指示を出しましょう。

製作では、作成過程を図解した視覚的な支援が有効かもしれません。

療育場面では、スタッフにしか通じない独りよがりな指示によく出会います、いや、ほんと。私、見学しながら、「そんな言い方じゃあわからないよぉ」って心の声でつぶやいたりしています。ことばかけを客観的に見直してみましょう。

子どもに目が向かない事情を推測する

一方、お母さんが特段の「特性」を持ち合わせていない場合に考えられることは？

英語に look after ということばがあります。「世話をする」とか「注意を払う」という意味。子どもを育てるのに必要なのは、おむつを替え、洋服を着替えさせ、ご飯の用意をするといった身の回りの「世話」と、ちゃんと紅白帽を忘れずに持ったか確認する「注意を払う」意味もあります。どちらの意味も、対象者（ここでは子ども）に目を向ける、関心を向けることが必要です。

一方、neglect ということばもあります。（注意を払うべきものを）無視する、ないがしろにする、おろそかにする、などの意味です。

たぶん、スタッフの方たちの気になるお母さんの姿は、この neglect の意味合いに近いのだと思います。「子どもを見ていない」「当然（子どもに）払うべきはずの注意が払われていない」「決心して療育に来たからには、子どもの発達を促すために、母親は最善を尽くすことが求められているのに、子どもから目を離しているとは！」とね。結構当たってません？　スタッフの側にあるこの怒りの感覚。

でもね、お母さんが、どうして私は〝こんなところ〟に来なければならないのだろう。どうして私は障害のある子を育てるハメになってしまったんだろう？※　やりきれない、割り切れない思いでいっぱいだとしたら、子どもに対して目が向かない、気が向かないとかいう感じがあっても無理ないとは思いませんか？目を向けないとしても、少なくともお世話をする、という意味での look after はきちんとやってくれているお母さん。それだけでも十分だと思いましょう。

お子さんの笑顔がたくさん見られるよう療育の課題を工夫し、「今日の笑顔はとびっきりでしたね。工夫の甲斐がありました。私たち○○クンの笑顔を見たくてやってるみたいなものです。ほんとにかわいいですから」と伝える、伝え続ける。思い通りではないわが子ではあっても、大事に思ってくれる人たちがいる。そのことが、徐々にお母さんの気持ちをやわらげ、子どもに目を向けられるように変わっていけるのではないかと思います。

※『発達障害の子を育てる親の気持ちと向き合う』中川信子編著（金子書房）

マイナス点ばかりを見る保護者

Q

児童発達支援（通園）で、幼児さんを対象とする言語聴覚士（ST）です。STはグループ活動への参加と、個別の継続指導を担当します。個別の頻度はほぼ2週間か3週間に1回です。

お子さんへの理解が進むように、お子さんの行動を解読し、こういうときにはどう接したらいいかを親御さんに伝えるように心がけています。

通い始めた当初は硬い表情の方たちも、徐々に2週間の間に見つけた変化を報告してくださるようになります。

中に、1年近く通って来ていらっしゃるのに、あれもできない、これもダメ、ちっとも進歩しない、とマイナス面ばかりをおっしゃる親御さんがいます。通常のお子さんと比べてあせっておられます。歩みは遅くても、お子さんなりに着実に伸びているのに、どうしてそれを見てくださらないのかな、と、私も悲しくなります。どう接したらいいでしょうか？

A

「どうして？」と責めずに

「どーしてできないの？　ダメでしょ‼」が口ぐせになってる親御さんのことを思い出して笑ってしまいました。

いいえ、「どうしてそれを見てくださらないのか」と質問に書いてあったからです。この場合の「どうして？」は、その原因を知りたい、というより、相手のお母さんを責めるようなニュアンスが含まれてはいませんか？

「こんなに伸びて来てるのに！」「1年もお付き合いしてるのに！」「どーーしてわかってくれないのか‼」「ダメでしょ！」ってね。

セラピストの発想は、「ふつうではない」と自覚すべし

同じ年のほかの子に比べると、できないことばっかり、教えてもなかなか身につかない、おぼえたかと思うとすぐに忘れる、まったくイヤになっちゃう……んですね。このお母さんの反応は、とてもまっとうなものです。

これは、私がいつも自分に言い聞かせていることでもありますが、セラピストって、世の中の少数派ですよね。しかも、その職を選んだ時点から、発想がふつう（多数派側）じゃなくなっていることを自覚した方がいいと思います。

失ったものを数えるのではなく、残されたものを数え、常に、目盛りをゼロに合わせ、進んだ目盛りだけを見る……。

職業としてならできても、ふつうの生活者がこういう発想に至るのは、とても難しいことです。

保護者の気持ちを否定せずフォローする

保護者には保護者のあゆみがあります。このお母さんは、少し長い時間がかかっていますが、それが彼女の、学びの流儀なのです、きっと。こういう方は、「わかった！」となると、すごい力を発揮する可能性があります。

当面は、「こんなに伸びましたよ」「こんなに変わりましたよ！」「ちゃんと見てください！」と言いつのりたいのを押さえて、「そうですよね、周りのみんながどんどんできるようになるのに、○○君だけなかなかできるようにならないんですよね。歯がゆい思いですよね」と親御さんの気持ちを代弁し、次に「私も、一生懸命できるようにしてあげたいと思ってやってるんですけど、なかなか力が及ばなくて……。申し訳ない思いです。でも、続けることで、大きな変化が生まれるお子さんも、過去にはありましたから」と、自分の「見守り」の立場を伝えます。

「子どもの成長にはいろんな形があって、どんどん階段を登るような順調な成長もあるけれど、踊り場状態の時間がとても長くて、何も変化しない、とあせり始めたころに、トントントンと次の段に登る子もいますからね」と、発達全般についての見取り図を提供します。

具体的に質問する、観察をうながす

そのうえでたとえばトイレに行きたいという意思表示をしてくれた場合、「前回は、おしっこを失敗してばかりだ、っておっしゃってましたが、こんなふうに、教えてくれることもあるんですね?」と水を向けてみます。

たぶん、「今日は、まぐれです」って返事が返ってくるでしょう。「なるほど、今はまぐれなんですね。でも、まぐれの回数が増えるのが定着なのですから、まぐれの回数が増えるのかどうか、観察してくださいね、毎日、教えてくれた回数を記録してみてください」と提案し「増える方向だといいですね」も付け加えます。

ミクロな変化の積み重ねが成長につながります。それを観察し、記録することで「見る目」が養われます。

うれしいこと探し

「お母さんご自身が『これ、うれしい!』と思えることを1日に1個だけ見つけるっていうゲーム、しませんか?」と提案するのも一興です。

「『晴れてよかった』とか『電車に間に合った』とか『おいしいカボチャ』とか、些細なことでも構わないので。この次は2週間後だから、うれしい、が14個溜まる勘定ですね。5個でもいいけど」と。

こんなことくらいで、ポジティブシンキングが身につくとは思えませんが、あなたご自身がお母さんとお会いするのが楽しみになるのではないでしょうか?

そうそう、ご自分も「うれしいこと探し」やってくださいね。

おけいごとに明け暮れる親御さん

Q

軽い知的発達の遅れを伴う5歳のお子さんです。発達障害というよりは全体的な遅れととらえ、生活面での自立を中心に、ゆっくりの育ちを支えていくのがいいのではないかと考えています。

月1回の療育グループに通って来てくださっているので、ソーシャルワーカーや心理職や言語聴覚士（ST）との個別指導や個別面談を組み、じっくりお話ししているつもりなのですが、保護者は、「いろいろなことを体験させて、この子の能力を伸ばしてやりたい！」とのお考えで、幼稚園から帰った午後の時間はスイミング、バレエ、ピアノ、体操などのおけいごとでぎっしり埋まっている状態です。

その上、新たに「ソーシャルスキルトレーニング」の教室の宣伝を見つけたので通わせて、社会性を身につけさせたい、とおっしゃっています。

素直なお子さんなので、言われるままに忙しい日課をこなしている感じですが、時にイライラが高じて、ほかの子に手出しが見られるようになってきてもいます。こういう場合、保護者にどんなふうに働きかけたらいいでしょうか？

A 行動に表れるその人の「こころ」を読む。「不安」があるのかも？

人の行動を予測したり、人のこころを推測するとき、いろいろな要素がからまりあっているため「正しい答えが一つだけ」ということはめったにありません。ここでも、仮説の一つ、として聞いてください。

外に現れる行動にはその人のこころが投影されます。ご質問のお母さんの場合、こころの深層に「不安」があると考えると、理解しやすくなるのではないでしょうか？

定型発達のお子さんに関しては、育児雑誌、インターネットなどで、育て方に類する情報が満載です。にもかかわらず、その情報が「うちの、この子」にあてはまるのかどうか確信がもてず、多くのお母さんたちはいつも不安です。

何かの障害や特性がある場合、〝障害〟に関する情報は手に入れやすいけれど、日々の子育てに関する情報は極めて限られます。ただでさえ不安な子育て期。その上〝障害〟という未知の変数を負わされて「初めての体験」の連続。指針のない航海は、大海をさまよう小船のようで、寄る辺ない気持ちになって当然のことでしょう。

現状把握と見通しを具体的に説明し、課題を一緒に考える

そんな中で、子どもをおけいごとに通わせる意味は何でしょう？

バレエとか、スイミングのように指導方針や教える順番がカッチリ決まった枠組みの中に子どもを入れてみると、今はこの段階、次はあそこに進む、と、先の見通しがもてて安心できます。

障害があるお子さんの場合、一つの段階を通過するのに長い時間が必要なので、後から入ったお子さんに追い越されたりもしますが、親御さんは、お子さんが着実に力をつけていくことを確認できます。

一方、「一緒に体を使って遊んであげましょう」とか「おうちの手伝いを積極的にさせて、自立できる子どもに育てましょう」などの日々のかかわりは、目に見えるスモールステップがありません。

プールやバレエと違って、遊びや家事の手ほどきは自分がやらなくてはなりません。段取りや結果に確信がもてなければ取り組めなくて当然です。お母さんには療育の場で、一つずつの遊びの目的と意義、お手伝いの場合の動きの目的と意義を、具体的に、事細かに伝えてあげればいいと思います。

「関係ないみたいに見えますが、食べ終わったお皿を、お盆に乗せて落とさないように流しまで運ぶ動作は目と手の協応も、手や指の微妙な調節力をも育てるんですよ」……などなど。

多職種配置の利点を生かし、スタッフがお母さんのニーズを共有して、話の切り口を工夫してみてください。「生活力のある子に育てる」を合言葉に。

参考になる本を文末にあげました※。

お母さん、がんばれ！

ピアノやバレエ教室などは、障害のあるお子さんにはまだまだ門戸が狭く、受け入れてくれる教室を探し当てるまでに、何回か断られてつらい思いをしたに違いありません。そんな思いをしてまでお教室を探し当てたお母さんの熱意と行動力は素晴らしい！

お子さんのイライラは多忙すぎるからではないか、とのスタッフの心配ですが、保護者は初めての子育てなので、加減がよくわからないのだと思います。

分野は違いますが、依存症からの回復のきっかけとして「底つき体験」が必要だと言われます。このままではダメになる！　と本人が気づくということです。

ひどい状態になる前に手を打つのは正しい発想。でも、イライラが高じて困るまでとことん付き合おう、と腹をくくるのもスタッフの一つの行き方。お子さんはスタッフの予想以上にタフに乗り越えるかもしれませんよ。

「忙しくて大変ですね、お母さんもお子さんも」程度の働きかけは行ないつつ、時期を待ちましょう。このお母さんと一緒なら、きっとうまく解決できると思います。スタッフの側が不安に耐えて待つことも、支援者という仕事のひとつの中味なのだと思います。

※『発達障害の作業療法（基礎編）（実践編）』岩崎清隆他著（三輪書店）

子どもに細かく指示する保護者

Q

発達センターで、相談や療育の仕事に携わっています。来春小学校にあがる予定の〝発達がゆっくり〟のお嬢さんがいるのですが、お母さんがいちいち細かく注意するのが気になります。

たとえば、先日、リトミックのためにはだしになる場面がありました。靴と靴下を脱ぎ、脱いだ靴下をくるくる丸めて靴の中に入れておくのが決まりです。手の使い方の練習のために、そのように決めてあります。お子さんの発達段階によって無理な場合には、親御さんが手伝ったり、スタッフが手伝ったりもします。

その場面で「靴下を靴の中に入れておかないと、後で、靴下を履くときに、どこにいったかわからなくて困るでしょ。だから靴に入れておくのよ」と、長々と説明したあと、お子さんがせっかく丸めて靴に入れようとしているのに、「ほらほら、そんなにぐちゃぐちゃじゃあなくて、きっちり丸めなくちゃ！」と口出しし、ついには、代わりにやってしまいました。

ご自分がうるさく、先回りして声かけしていることや、自分流のやり方にするために手出しししていることに気づいておられないようすです。

お子さんが将来自分で考え、自分で行動できる人になるように、少しずつ距離を取ってもらいたいのですが、親御さんに、どういうふうに働きかけたらいいでしょうか。

A

まずは、「よくやっている！」とねぎらうことから

お子さんに対して、先回り、口出し、手出し、長たらしい説明の目立つ親御さんなんですね。同じようなお母さんが、一を聞けば十を知る！　ようなきょうだい児に対しては、全然、「ふつう」な対応をしている場面を、私は見たことがあります。

お母さんに、もともとそういう過干渉気味な行動特性があるのか、それとも、発達の〝ゆっくりめ〟なお嬢さんがお母さんのそういう行動を引き出しているのか、観察してみる必要はありますね。

健診で〝ひっかかった〟のを皮切りに、幼稚園や保育園の入園に際しても条件をつけられたり、運動会などほかのお子さんとの差がいやおうなしに見える場面に直面するのもさぞつらいことでしょう。「私が細かく教えてやらないと、みんなについて行けないわ！」と気負うのも、ゆえなきことではありません。

まずは、お母さんを批判的に見るのをやめ、「なーるほど、お母さんは、きっちりしたしまい方を身につけさせようとされているんですね」と、プラスの見かたを伝えましょう。

子どもの現状を見て、おうちでできる課題につながる具体的なアドバイスを

　その次に、「お子さんは、まだ両手で『きっちり』丸めるのが難しいみたいですね。練習しているうちに、だんだん上手になると思いますから、今日のところは、巻き方がゆるくても、ＯＫにしてあげましょう」と、今日の目標を伝えます。

　次に、「おうちでも、食事のときにお手ふきタオルをぬらして、小さく丸める練習なんかするといいですよ」と、おうちでもできることのヒントを出す……などしてみてはいかがでしょうか。

　お母さんは、発達のゆっくりめなお嬢さんのお母さんになってまだ5年しかたってないのです。

　もっと年を重ねると、教えないことがいつの間にかできるようになったりして、何も親だけがシャカリキにならなくても、いろんなこと、できるようになるのね、って肩の力が抜けていくものです。

　それまでの間は、お子さんの現状を的確に把握し、その年齢で期待できる技能の水準を示し、練習のためにおうちでできることのヒントを具体的に示すことが必要なのだと思います。こちら側の度量と力量にかかっています。

　「今の一つずつの積み重ねが、未来の姿を作る」のですが、未来の姿が思い描きにくいお子さんを持ったために、「今、ここで、ちゃんとやらなきゃ！」という思いつめ方になってしまっているのではないかと思います。

自分を客観視することは、とても難しい。ビデオの助けを借りて

私は、職業柄、「関与しながらの観察」と言いましょうか、その場で相手とかかわりつつも、冷静な目で観察する、といった行動スタイルを自分に課しています。でも、自分が人と話すときに、うなずいているのか、視線はどこに向いているのか、など、自分のことは、実のところ、まったくわかっていません。なので、「すくすく子育て」などの番組で自分が映るのはとても勉強になります。直視するのはイヤですが…。

ということで、親御さんに、ご自分の日ごろのかかわりを知っていただくには、ビデオ撮影した場面を見なおすのが、一番有効だと思います。

お母さんに証拠を突きつけて「ほら、過干渉ですよねっ！」ってやり込めるためにではなく、お子さんがもっとよい表情になり、自ら行動を起こすためには、どういうかかわり方をしたら有効なのかをほかの親御さんも交えて一緒に探る、といったシチュエーションを作れたらとてもいいですね。

お母さんのかかわりを見るつもりが、実は自分の側の動き方や声の調子の方が大きな反省材料だったりもしますが、それも勉強のうち、ということで。

おうちでかかわってくれない保護者

Q

療育機関の言語聴覚士（ST）です。個別とグループを担当しています。

私の属する施設では、親御さんの育児スキル向上も目標の一つなので、個別は、すべて親御さんも同室で行ないます。個別という状況のせいか、私から聞き出そうとしているわけではないのに、親御さんから本音の話を聞くことがよくあります。夫婦仲の悪さ、経済的なこと、本当は望んで生んだ子ではなかったこと、実家から拒絶されていること、などなど、いろいろなご家庭の姿が見えます。育児上の悩み以外の、もっと根本的な悩みごとの種類の多さに驚きます。

保育園や学校の先生のように、長い時間を一緒に過ごす方だったら、「家ではどういう状況であろうとも、園（学校）では、やるべきことをしっかりやりましょう」という考え方でいけるのでしょうが、私は、月に1回、多くても2週間に1回しかお会いできません。

私にできるせめてものこととして、「一緒に楽しく遊んであげましょう」とか「子どもの言いたいことをじっくり聞いてあげて」などとアドバイスはしますが、生活環境や経済問題が解決しないと、家でアドバイスを実行してはくれないだろうな、と無力感にさいなまれます。

A

変えられないこともある

私も、小学校、中学校の巡回で同様のことを考えさせられています。通常の学級に属するいわゆる〝課題のある〟児童や生徒についての相談で、発達障害の可能性がある場合には、具体的なアドバイスが役に立つことがあります。

でも、「親御さんが朝起きてくれず朝ごはんを食べさせてもらえていない」「その親御さんも単にサボっているのではなく、身体や心の状態が悪いらしい」「シングル家庭で、親が昼夜の仕事をかけもち。子どもはテレビを見ながらカップめんを夕食に。宿題をする習慣が身についていない。一対一で説明すればちゃんとわかる子なのに……」などの事情が落ち着かなさや学力不振の背景にあることが少なくありません。その根本を変えずして、落ち着きも、学力も、社会性も発揮できるはずがありません。

若かったころは、親御さんに変わってもらうために、あの手この手を考えたものですが、経験を重ねるにつれて、人は、話しただけで行動が変わるものではない、とわかってきました。

私は折にふれ、「ラインホルド・ニーバーの祈り」を思い出すことにしています。「神様、私にお与えください。／変えられないものを受け入れる平静さと／変えられることを変える勇気を／そして、この両者を見分ける賢さを」という内容です。私たちにできるのは「変えられるものを変える」こと。「できることしか、できない」のですから。

質問者は「療育機関の専門職」であり、「専門的な指導が期待されている」「月に1回か2回対象者と会うチャンスがある」のですね。とすれば、STとして「できること」をするのがいいと思います。

与えられた時間を最大限生かす

各種の検査や行動観察から発達段階を見立て、何が必要な課題なのかを見極める。

そして、子どもが笑顔になれるように子どもと徹底的に遊び、かかわりを作りだし、自然な発声を促し、概念の形成を助けるような教材を工夫します。やればできる子です。おうちで復習してくれたら、さぞやよく定着するにちがいありません。

でも、それが望めない家庭環境なのですね。だったら、通って来てくれているこの30分、この40分という時間が、この子にとって、唯一無二の貴重なチャンスだ、と思うしかないでしょう。次回はもう来てくれないのかもしれないのです。

予約どおり、今日連れてきてくれたことに大感謝しつつ、今日のセッションが「今までで最高！」と思えるものにすること。たとえ2週間に1回であっても、それが子どもの中に有形無形の「何か」を残してくれるだろうと信じて、STらしいことをする。まずは、それで十分ではないでしょうか。

話すだけ、聞いてもらうだけで元気に

なぜ、連れてきてくれるのか？

もしかしたら「聞き出そうとしているわけではないけど」話しやすい質問者の雰囲気と、一対一でほかに人がいない、という気安さからなのかもしれません。

よく、お母さんたちがおっしゃいます。「聞いてもらえるだけでいいんです。ラクになりますから」「アドバイスより、うなずいてくれるほうがずっと力になります」「愚痴とわかっているけど、先生以外に聞いてくれる人がいないの」「子どものことも何とかしてほしいけど、私だってケアしてほしい」と。

家事にまったく協力してくれない上、「子どものことはオマエに任せた」が口癖の夫（逃げている、としか思えない）、「うちのほうには、ことばの遅い子はいなかった」と、「孫のことばが遅いのは、あなたのせいよ」と言わんばかりの義理の両親。

砂場に行けば、ほかの子に砂をかけて大騒動を巻き起こすばかりのわが子。

そんな状況に囲まれていたら、疲れて、しまうのは当たり前。

そういう想像力をもって、子どもと遊ぶ。親御さんの話は、ともかく聞く。

そんなかかわりをしていれば、何が保護者との話の糸口になるのか、おいおい見えてくるでしょう。

5
解決への道筋

早期支援につなげたいのに、うまくできない

Q

母子保健担当3年目の保健師です。1歳6か月健診、3歳児健診にたずさわっています。健診場面で「あれ？　気になるな……」と思っても、決め手がなく、お母さんに伝えるのを躊躇します。最近の「気になる」の中心は「目が合わないわけではないが、何だかコミュニケーションが〝希薄〟な感じがする」「親御さんも、子どものことをきちんと見ていないようだ」ということです。

親御さんへの伝え方もむずかしいし、伝えたとしても、通えるグループは経過観察主体の遊びグループか、または、療育グループか、の二者択一です。成人した発達障害当事者の方たちが共通して言われるのは、早い時期からの適切な対応の大事さです。今、ここで、私がウジウジしているために、早期に支援につなげられず、将来大きな問題をもつことになったら申し訳ないとも思うのです。

A

問題になっていること

そうですよねー。（と深く共感‼）私も日々直面していることです。

前出のラインホルド・ニーバーの祈りの中で、最後の「見分ける賢さ」が一番むずかしいですね。問題を少し整理してみます。

①乳幼児期特有の困難（障害の兆しなのか、成長と共に消失する一時的な気がかりなのか判断がつかない）

②「気がかり」の内容把握があいまい

③親御さんに伝えること自体への躊躇

④早期発見後の支援体制の不備

⑤予防的かかわりを目指す保健分野でありながら、健診で早期支援ができないと任務を果たしたことにならない

一部署で抱えこまず、目を外に開き、つながりを求めていくこと

いずれの問題も、あなた一人に責任があるわけではありません。少し気を楽にしてください。精神科医の春日武彦先生の『はじめての精神科 2版』（医学書院）をどうぞ。マジメな親切さと職業的誠実さとをもって、問題にどう直面するか、多くのヒントが得られると思います。

その上で「変えられる可能性のあること」はあるのか？ を考えます。

③の保護者に伝えることへの躊躇は④の支援体制が充実し、自信をもって紹介できるグループや機関ができれば、少し軽くなるはず。「現時点では、若干の弱さが感じられます。おうちだけでお育てになっても、今後の成長の過程で改善したり消失したりすることも多くありますが、グループ活動で経験を積むと伸びをさらに応援できます。せっかく自治体が用意しているグループなので、利用されるといいと思います。利用は、税金を払っている人の権利です」と、ていねいにかつストレートに伝えられるからです。

法整備が進み、発達障害支援と子育て支援がドッキングした形での地域支援が実現すれば、「支援しながら発達のようすを見極める」が夢物語ではなくなるでしょう。それまでは、地域内の保育園・幼稚園や子育て機関の保育士や教員、相談員、療育機関の職員たち、困難な子育てを経験した保護者たちでできることを持ち寄ってしのぐ方策を考えてください。

「気がかり」への視点を確立すること

①と②、見極める視点について、です。コミュニケーションに弱さがあるかも、と思われるお子さんは、現場の実感として確かに増えています。健診で多くのお子さんに接する保健師さんや、長い時間共に生活する園の先生方の「何となく」のカンはたいてい当たっているのに、みなさん、自信がないのですよね。観察項目が一般化されているもの、かかわりの方向が明示されているものを勉強し、身につけるといいと思います。

私がオススメしたいのは以下のものです。いずれも個人ＨＰ「そらとも広場」で紹介したことがあります。

●『ＤＥＳＣ（乳幼児社会的認知発達チェックリスト―社会性のめばえと適応―）』森永良子他（文教資料協会）

視線を中心に、その年齢で期待される行動のごく簡便なチェックリストです。一律に適用しすぎると危険ですが、「この時期、この行動が出ていないと心配です」と言える裏づけを得られます。

●ＪＳＩ-３Ｄ（日本感覚統合インベントリー）

感覚統合の考え方をもとにお子さんの気になる行動を見る視点を教えてくれるチェックリストです。インターネットでダウンロードできます。

●ＤＶＤ「ことばを育てる語りかけ育児」中川信子監修（アローウィン）

手前味噌で恐縮です。まだことばをしゃべらない時期から通常発達の子どもが視線で多くのことを伝えているようすや、お母さんたちが無意識ながら子どもの視線をとらえ、適切に子どもからの働きかけに応じているようすが映像と解説でよくわかります。ひるがえって、「この子は関係性が弱い気がする」とご自分が感じた理由もわかるでしょう。

ほんとはお母さんたちにも見ていただいて「うちの子の反応が弱いって言われるのはこういうことだったのね。働きかけを始めた方がいいかも」と納得していただけるといいのですが。

このようなことをしながら、お互い、⑤宙ぶらりんの不全感に耐える仕事を共に続けてまいりましょう。

就学に向けて悩み深い親御さんにどう接したらいいか……

Q

療育機関の職員です。私の属する療育機関は乳幼児健診との連携がよく2歳代で療育開始される方が多くあります。

ご相談したいJくんも2歳3か月のときに「ちょっと遅いかな？　対人関係も広げてあげたいね。楽しい遊びを経験して、発達を促進しましょう」というお誘いですんなり療育にいらしたお子さんです。その後Jくんなりに伸びてきたものの、5歳児さんになり、ほかのお子さんとの差は明らかになってきました。

先日、個人面談したのですが、お母さんは「初めてこちらに相談に来たときは、小学校に上がるまでには追いつくだろうと楽観的に考えていました。というより、ほんとは気づいていたのに、ちゃんと向き合おうとしなかったというか。今思えば、1歳半健診のころにも、『あれ？』と思うような違和感がいろいろあったのに、そのうちできるようになるだろう、なんて自分をごまかしていました。5歳児になり、就学先をどうするか突きつけられると、自分には親としての覚悟の定まり方が足りないと思え、子どもに障害があるということの自覚をもっと早くもつべきだったと、何だか情けなくなってしまって……」と言われました。

私は、「早い時期から療育に通われて、できることは全部やって来たのですから……」としか申し上げられませんでした。どう受け止めたらよかったのか、と自問しています。

A 就学はどの親御さんにも大きな節目

私もずいぶん多くの親御さんが、就学を前にあれこれ悩む姿を見てきました。何ごともなく通常の学級に行く親御さんにとってさえも、小学校入学は「今までの子育ての総決算！」みたいな節目の時期。ましてや、通常の学級、特別支援学級、特別支援学校、いずれかを「選ぶ」という作業は親御さんにとっては、高い高いハードルと言えるでしょう。専門の就学相談員が配置されたり、ていねいな相談に応じている町であっても、就学前、胃が痛くなったり、眠れなかったりする方が続出するほどです。

保育園や幼稚園で「地域のほかの子と一緒に」育つことがそれなりにできていても、通常の学級とは異なる学習集団を選ぶことは「みんなとは違う」ということを、はっきり覚悟することを意味します。

ある親御さんは「うちの学区の学校には特別支援学級がないので、近所の子たちが登校する流れと反対方向に向かって歩かなくちゃならないんです。ほかの子たちに『どうして？』って聞かれたときに、なんて答えようかって。そのことが辛くて、能力的にムリなのはわかっていても、学区の通常の学級に入れてしまおうか、なんて考えたりします。子どもに障害がある、ということは徐々にわかってきたし、子どもの将来のために一番いい道を選んでやりたいと思っているのは本心なんですが、でも、やっぱり、世間の目がとても気になるんですよね……」おっしゃっていました。

節目には決算、棚卸しをしましょう

団体は、1年ごとに事業計画を立て、年度末には事業報告をして、その反省の上に次年度の計画を立てますよね。

子育てには、そういう外圧による区切りがありませんが、入園や就学、卒業などのライフイベントごとに総決算するといいと思います。

ご相談の親御さんのように、今までの育て方や、ご自分の不備だった点を思いかえし、「どうしてこんなことに？」と、自問自答し、アタマでは受け入れたつもりの「障害」が実は飲み込めていなかったことに気づいて苦しんだりするのも、多くの親が通る、避けられない道です。

ただし、「ほかの人もみんな同じような気持ちなんですよ」「同じ道を通るものです」と伝えても、親御さんへの慰めにはなりません。ケガや腰痛で痛みに苦しんでいるときに「痛いのはあなただけではありませんよ」だの「治った人もいますよ」と言われたって何の慰めにもなりませんものね。

他人としてできることは、あなたがなさったように「やれることは全部やってきたのですから」「あなたは、最良の選択をして来られたと『私には』思えますよ」ということばをかけることぐらいしかないと思います。

「障害のある子を持つ親としての自覚」には一生かかるかも

苦しみや悩みの多い自分の人生に対して「にもかかわらずイエスと言う」[※]ことのできる人は、どのくらいいるのでしょう。「これでよかったのか」「もっとできることがあったのではないか」と思うこと自体、さらに向上の余地があるということなのだと思います。

谷が深ければ、峰は高いものです。悩みは悩みとして、それに振り回されることなく、日々の暮らしを粛々と営んでいくこと、その一歩ずつが、谷を抜け、高い峰を目指す一歩になっている……。

心の底でそんなことを思いながら、「はぁ〜」「へぇ〜」「なるほど〜」と、100種類の相づちを打ちながら、または、無言で「そうなんですね」と同意の視線を送りながら、親御さんのお話を聞いてあげてください。

※『それでも人生にイエスと言う』V・E・フランクル著　山田邦男・松田美佳訳（春秋社）

お子さんの伸びは思わしくないけれど、かかわりが上手なお母さん。療育を勧めるべきでしょうか？

Q

発達支援にかかわるスタッフです。月に1～2回、子育て広場に出向いて、親御さんたちの相談にのっています。相談は、立ち話的な気軽な相談と、予約制の個別相談とがあります。

2歳過ぎから、2～3か月に1回の割合で予約相談を利用している親子さんがあります。現在は3歳半です。

1歳6か月健診でことばがなく、2歳すぎに保健師さんから保健センターでの相談を勧められたのですが、子育て広場での相談日がたまたま仕事の休みやすい曜日だったため、こちらにいらっしゃるようになったそうです。

お子さんは、人なつこい坊やです。3歳近くなってから、いくつか単語が出てきました。日常のことはよく通じますが、少し複雑なことになるとわからなくなります。発達的には「ゆっくり」なお子さんと思われます。

お母さんは介護関係のお仕事だそうで、お子さんの気持ちを読み取って上手な対応をしています。

通常は、保育園に通っています。クラスの規模が小さく、ていねいな保育をしてくれるという評判の園です。身辺自立や手遊び歌を覚えてうたうなど、着々とできることが増えています。

ただ、年齢と共に他児との差が広がってくる感じはあります。このまま、子育て広場での相談を続けていいのか、保健センターや療育の相談を受けるように勧めた方がいいのか迷っています。

お母さんは「クラスのほかの子に比べて遅いのはわかっていますけど、でも、この子なりに伸びているので、このままいってほしいと思っています」とおっしゃっています。

A 療育は育ちにとってよい環境を保障するため

《療育とは注意深く配慮された子育て》です。「注意深い配慮」があった方が、よりよく伸びる可能性があるなら、「注意深く配慮された」環境に入れてあげたい。それが、「療育」に紹介する意味ですよね。

なぜなら、子どもの成長は、子どもの生まれつきの力と、周囲の環境との相互作用の中で促されるからです。

ことさらに手をかけなくても、少々手抜きしても、自分の力で育っていく多数派の子は手付かずでも大丈夫。一方、子どもからの発信力が弱くて大人が読み取れなかったり、大人が働きかけてもなかなか応じてくれないお子さんで、しかも、親御さんが子どもと接する経験に乏しい方だと、どうかかわったらいいかわからず、結果的にかかわりの不足を招きます。かかわりの不足が経験不足へ、経験不足が発達の遅れへと、悪い循環が起きてしまいそうなときに、私たちは個別指導も含めて療育をお勧めします。

療育のスタッフは、障害についての知識をもち、かかわりにくいお子さんや、理解の遅いお子さんに接するためのノウハウをもっているはずだからです。

保護者も保育園も「よい環境」

ところで、ご相談のお子さんは保育園も親御さんの接し方も適切。毎日の生活そのものが「療育的環境」なのですから、このままいってもいいのでは？

単純に「ゆっくり」なタイプのお子さんであれば、生活の中で力もつけるでしょう。他児の成長につれて、通常クラスだけではつらいといったSOSサインを出し始めたら、そのときに、療育への参加を検討するのでいいのでは。

親御さんの、上手なかかわり方（＝療育的に意味のあるかかわり）を見つけて意識化することも助けになるでしょう。

お子さんがボールの方に向けた視線を見逃さずに「ボールやろうか」と応じたり、何回かやりとりした後でボールをすぐには渡さない「じゃま遊び」「じらし遊び」をしていること、また、お母さんの話し方のゆっくりしたテンポがお子さんにはとても助けになっていること、などを。

そのことを通じて、「療育に通わないことで、この子の成長の可能性をつんでしまっているのではないか」

という親御さんの後ろめたさを払拭してあげられると思います。

仕事か子どもか、という迫り方も時には必要かもしれないけれど

介護関係のお仕事だそうですね。仕事が生きがいにもなっているのでしょう。仕事が生きがいで、お子さんとのかかわりが手薄になってしまっているのであれば、「人生の一時期、ちょっと辛くても、お子さんとしっかりつきあってあげてはどうでしょう、一生の宝になるはずです」と、お伝えする必要もあるでしょうが、今現在のお子さんとのかかわりが十分なものであるなら、今の生活を続けて、差し支えないのではないでしょうか。

親子の人生は親子のものです。たとえプロの目から見て、不十分だとか間違っていると思えても、当面は親御さんの選択を全力で応援する姿勢をもつこと、ちょっと違うなと思えることがあったら遠慮なく意見できるような信頼関係を作ること。

また、親御さんの了解を得た上で、地域の保健師さんとも連絡を取り合うこともお勧めします。見守りのネットワークの中に、そのお子さんが入っていることは、将来いつか支援が必要になったときに生きてくると思いますから。

発音がはっきりしないのに、なかなか相談に行こうとしないお母さん

Q

保育園の先生からの相談です。

1歳児で入園した男児。もうすぐ4歳になります。ことばが出るのが遅く、2歳半ころからぼつぼつ話し初め、3歳半を過ぎるころから文章で話すようになりました。今では、してほしいことは、だいたいことばで言うことができますが、発音がはっきりせず、お友だちにも、保育士にも通じないことがたびたびです。

発音がはっきりしないのは、どんな理由なのか、また園でできることがあれば実行して、はっきり言えるようにしてあげられたら、と思っています。市内には専門の先生による『ことばの相談』があるそうなので、相談に行ってみては？　と何度もお伝えしているのですが、「親には通じるから困っていません」「むにゃむにゃしているくらいの方が可愛くて……。」と聞き入れてもらえません……。

A

親御さんと保育士の気づきの違いはたしかにあります

保育士の方たちは、今まで多くの子どもを見てきているので、標準的な姿から外れている状態が気になるし、これではいけない、なんとかしなくちゃ、と思い、また、園でできることがあったらしてあげたい、という気持ちでいっぱい。だから、お母さんに気づいてほしい、と働きかけるわけなのですが……。

何だかふまじめな言い方で申し訳ないのですが、発音程度なら命に別状があるわけではないので、しばらくはお母さんに任せてみてはいかがでしょう？

いちいち言い直しを迫ったり、「ちゃんと言ってごらん！」攻撃を連発するより「困っていない」くらいの方がずっといいと思います。お子さんのこころの育ちにとって。

「ことばの出始めも遅かった」とのことですので、全体的に「ゆっくり」なお子さんで、なおのこと、赤ちゃんぽくてかわいく思えるのかもしれませんね。

お子さんが5歳、6歳になっても、今と同じ発音の状態だったら、お母さんとしても「かわいい」では済ませられなくなるはずです。

発音の育ち、どう考えたらいいでしょうか？

私は、発音がはっきりしない、というお子さんの場合、親御さんに次のようにお話しします。

「発音は舌や唇の動きによるのですが、舌や唇は、食べるときとしゃべるときによく動くんです。○○

ちゃんは、話し始めが遅いので、1歳前から話し始めた子に比べて、舌や唇を動かす経験が少なくて、そのせいで発音の発達が遅れている可能性もありますね。もうしばらく、時間の猶予をあげてください。その間に、〝しゃべる〟代わりに〝食べる〟ことで、舌や唇の動きをうながしましょう。咀嚼の必要な食べ物、たとえば、食パンの耳とか、するめとか、スティックきゅうりとか、グミとかが効果的です。」

「2歳前からはっきりお話しできる子もいますが、日本語五十音がちゃんと言えるようになるのは、だいたい4歳半くらいが目安とされています。」

「発音の訓練は、お話全体がはっきりし、言えない音が定まり、本人が自分の発音が間違っていると気づき始め、また、ひらがなが読めるようになっている時期からが適当です。おおむね5歳過ぎですね。」

親子ともをムリさせることなく、生活の中での育ちを見守ってあげてください。

専門機関を勧める場合の留意点

専門機関を勧める場合には、ほかの人から評判を聞くなどして、安心して行けるところか、お母さんの今までの育てられ方を責められるようなことはないかどうかをぜひ事前にリサーチしてください。

保育園の生活を離れて、何かの専門相談に行くのは、親御さんにとっては、大きな冒険です。私たちも初めてのお医者さんにかかるときって、「どんな先生だろ？　どんな治療だろ？」って心配ですよね。

信頼している園の先生が、確信をもって勧めてくれる相談機関なら、と行って見る気になりやすいはず。知人からの「いいお医者さんだよー」の一言が、決め手になるのと同じです。

「気づきを待つ」という仕事のやり方

このご質問を読んで、昔の自分のことをなつかしく思い出しました。息子が3歳児のころ、担任の先生に「この子にやる気がないのは、親の私があせい、こうせい、あれは危ない、これはやめなさい、と先回りしすぎているせいでしょうか……」と連絡帳に書いたところ、「お母さん‼ いいところに気がつきましたね‼」と、びっくりマークいっぱいのお返事をいただいたのです。

先生は、かねがね私の過保護・過干渉ぶりが目に余る、と思いつつも、あえて、本人の気づきを待ってくださったのだと思います。だからこそ、私は「カチン！」と来ることなく、「ああ、そうだったんだ！」と納得し、行動を変えようと努力することができ、今もなつかしい出来事として思い出せるのだと思うのです。

保育士も含めて「センセイ」と呼ばれる人たちの役割は子どもの育ちを促すことですが、一方、じっくり見守り、「そのときを待つ」という姿勢をもつことも大事です。〝ゆさぶること〟と〝かかえること〟と、ある方が書いていました。〝かかえて〟〝じっと待つ〟ことは先生にとって大きなエネルギーを必要とする作業ですが、それは、親子さんの育ちに大切な実りをもたらすこともある、と思います。

障害を理解することと、きちんとしつけることとのかねあいを、親御さんにどう伝えれば……

Q

通級指導教室を担当する教員です。

先日、あるレストランでのことです。おじいちゃん、おばあちゃん、お父さん、お母さんといっしょに4〜5歳くらいの坊やが来ました。甲高い声でしゃべり続け、注文が決まると店内を探索して歩き、店の端のほうから「ママ、ママ、見て、こんなものがあるよ」と言います。お母さんが応じないと、大声で何回も叫び、うるさかったです。職業的カンとしては、何らかの発達特性をもつお子さんではないかと思いました。料理が運ばれてくると席には戻ったものの「これ、食べられない！」と大きな声で言い、それに対しておばあちゃんもお母さんも「食べられるものだけ食べればいいからね」と応じていました。

ご両親たちがこのお子さんを、探究心旺盛な面白い子だとだけ思っておられるのか、それとも、発達障害の兆しがあると知った上で、無視したり、許容したりしているのか、事情がわかりませんが、このような場合にどう考えたらいいかヒントをいただければと思います。

障害があるからと大目にみて許容する対応を続けることによって、学校に入る年になっても歯止めが利かなかったり、社会的なルールの理解ができない子になってしまうのではないかと心配です。

A 障害の有無に関係なく「どうふるまうべきか」を伝えるのは子育ての基本

子育てには二つの面があると思います。①生命を守り、成長させるという生物としての子育て、②多くの人たちで構成される社会のルールや適切なふるまいを伝える社会的な子育て、です。

人間は、ほかの哺乳類のように、生後すぐに自力で立つことも、おっぱいにたどり着くこともできず、養育者による保護なしには生きていくことすらできない、無力な状態で生まれます。でも、無力な分、「社会」「周囲の人々」とのかかわりの占める割合が大きい社会的存在でもあります。

であるからこそ、望ましい行動＝社会的規範を伝え続けることが、ヒトの成人の務めだと私は思っています。質問者が気になったのは、その点ではないでしょうか。大人が「本当はこうするのがいいよ」という見本を示す役割を果たさずにやりたい放題させていた、みたいで。

今はできなくても、今にできるようになるといいね、と願う

その坊やは、多分「待てない」という特性をもっています。親御さんは、料理が来るまで席で待つのはム

りだろうと予想して、自由にさせていたのでしょうが、席を離れるのを容認するのではなく「座って待とうね」と声をかけたり、店の隅まで迎えに行き「席に戻ろうね」と声かけすることは必要だと思います。「キライ!」で「食べられない!」食べ物も当然あるでしょうが、「今はキライなんだよね。でも、食べて見るとおいしいかもしれないよ。おばあちゃんは大好きなのよ」と、食べられるもののレパートリーを広げていくような働きかけがあればよかったですね。

大人は先に生まれた者として「君にはこういう行動をしてほしい」と、めざす目標の方向を子どもに伝える努力をすべきです。今、ここのその子には無理でも、いつか、あるとき、できるようになると信じて。

「期待されるふるまい」は本人の年齢や周囲との「関係」によって変化する

人に期待される社会的ふるまいは周囲の環境との関係で差があります。

1歳くらいのお子さんなら、席で待っていられずウロウロするとしても、誰もとがめようとは思わないでしょうし、場所がファミリーレストランであれば、それほど気にならなかったかもしれません。

このお子さんが目にとまったのは、大多数のお子さんが、ちゃんと座って待っていられるようになっている年代なのにウロウロしていたからですね。

発達障害があるかもしれないお子さんがそれぞれの場で、年齢相応の適切なふるまいを身につけるのは容易なことではありません。視覚的な提示も含めていろいろな手立てを講じ、折にふれて「伝え続ける」ことが必要です。その「視覚的提示」の具体的内容を保護者には伝えてあげたいと思います。

「きちんとしつける」について

「きちんとしつける」ことは必要です。ただ、そのことばの裏にある、子どもの気持ちに頓着せず、一方的に教え込む、というニュアンスが気になります。それで子どもの行動が変容するといいのですが……。

「おやめなさい」「ハイ！」とスムーズにいくお子さんなら、しつけるのも簡単でしょうが、世の中にはなかなか〝しつからない〟子もいます。〝しつからない〟は「子どもの側がしつけられようとする構えをもっていない」というニュアンスをあらわすために私が勝手に造語しました。発達障害かもしれないお子さんは、この〝しつからない〟子の代表選手です。社会に自分から同調していこうとする力が弱い、と言えばいいでしょうか。理解・許容としつけは必ずしも対立するものではないと私は思っています。

「きちんとしつける」とは、大人が「よい見本、正しい手本」を示し、ことばでていねいに説明し、伝え続けること。行動とことばでの説明があいまって、子どもの中で納得が生まれると、望ましい行動が、身についてくるのだと思います。それが〝押しつけ〟ではない〝しつけ〟だと私は考えています。子どもの特性を理解したうえで、焦らず、あきらめず、繰り返すことが必要でしょう。

これらのことを保護者の方にお伝えする場合の配慮ですが、何よりも、支援者自身が、「人はかかわり方いかんで、変わることができる」と信じている、それに尽きるのではないでしょうか。

幼稚園の時期に、気がかりな点をはっきりお伝えした方がいいのでしょうか？

Q

私立幼稚園の園長です。幼稚園は教育機関ですから、お引き受けしたお子さんは、園で責任をもって成長させてあげるのが役目だと考えています。

ただ、手のかかる園児が増える一方で、運営は正直大変です。クラスに加配の先生やフリーの先生がいてくれるといいのですが、自治体から加配の人件費補助をもらうには、医師の診断書が必要です。

入園前にお話があったり、入園面接の際にこちらが気づき、保護者とのお話の上で受け入れたお子さんについては、親御さんと随時相談でき、場合によっては、診断書のお願いもすることができます。

でも、おおかたは、そういう話を切り出すのも難しい方たちです。

個別面談などを通じてお子さんのようすをお伝えし、少しずつ気づいていただきたいと働きかけますが、保護者に聞き入れてもらうことが難しいです。

今年小学校に上がったお子さんがいます。在園中からこだわりが強く、全体活動が苦手で、担任も私も気にしていました。親御さんとは私も含めて何回かお話ししましたが、「父親も同じような傾向なので」と言われてしまい、それ以上踏み込むことができませんでした。

入学後1か月たち、毎朝お腹が痛い、頭が痛いと言い、学校に行きたがらなくなっている、と妹を園に送ってきたお母さんから聞きました。

この先不登校になる可能性も大きいかと思うと、やはり幼稚園時代に、もっと踏み込んでおいた方がよかったのか、と考えてしまいます。

A 幼稚園の役割

お手紙から、子どものことを大切に思っておられることが伝わってきました。「がんばってください！」と言いたいです。

私立幼稚園は、昨今の少子化や保育園希望者の増大など、社会的背景からの経営上の問題もあり、本当に大変だろうとお察しいたします。

園長先生がおっしゃるとおり幼稚園の役割は「子どもを成長させる教育機関」であり、障害を見つけたり、障害のある子どもに特別な手立てを講じたりするのが本務とは私も思いません。

ただ、おうちでの生活ではわからなかった行動特性が集団に入って顕在化することもありますし、保護者も同年齢のお子さんたちを見て「うちの子はどうなのかしら？」と思い始めるのも事実。

園は、就学前の支援の糸口を作るには格好の場所でもあるのだと思います。でも、だからこそ、保護者は園から指摘されたくないし、園から話を切り出すのが難しいのですよね。

園だけで取り組むのは難しいでしょう

ある種の発達特性をもっているお子さんは、学校に慣れるのが大変で、登校しぶり、不登校になることが多いといえます。幼稚園時代には細やかな配慮が行なわれていて、無理がなかったのでしょうね。

さあ、どうしたらいいでしょうか?

すぐには間に合いませんが、加配の人件費補助をつけてくれる自治体なら望みがあります。自治体に働きかけて、心理などの先生の巡回を始めていただくようにするのが、王道と思います。

やむなく、私費で、専門家を見つけて月に1回とか2か月に1回来てもらっている園もあるようです。

幼稚園協会を通じてや、または、地域内に特別支援推進連絡会のようなものがあるなら、そういう団体に働きかけて、少しずつ動かしていくこと。困っているのは、どの園も同じと思います。

巡回の先生のアドバイスを保護者に伝えたり、時には、保護者も交えて話し合ってもらうと効果的です。

園から切り出すと「追い出されるのではないか」とか「うちの子だけに目をつけて!」と、防衛的になる保護者も、専門の先生と話すと、日常生活の中で困っていることの相談が次々出てきたりするものです。

どうしても人材が見つけられない地方で、保健師さんが回ってくれるところもあると聞いたことがあります。とにかく園だけで抱えないことです。

子どもの健やかな成長を共通の目標に

「何よりも子どもの最善の利益を」という言い方があります。園も保護者も、共通の願いは、「子どもに健やかに育ってほしい」ということのはず。

立場が違うと、表現の仕方が違ってしまったり、まるで敵対しているかのようになってしまう局面があるかもしれませんが、願いは共通である、ということを、繰り返し、ていねいに保護者と確認し続けることは大事です。

園にとっては、そんなこと、言わなくても当たり前のことなのですが、この大前提を保護者に伝えないために、話がこじれてしまうことがあるようで、残念です。

夫婦だって、友だちだって「言わなくてもわかるだろ!」は、危険危険。たいていのことは「ハッキリ言わなきゃわかり合えない」ものです。

で、先生のご質問。「幼稚園でもっと踏み込んでおいた方がよかったのでしょうか?」ですが、私の答えは「ハイ」です。ぜひ、踏み込んでください。

ただし、地域全体での見守りや、幼保小連携のレベルアップを図ることとあわせて、お願いします。

小学生の親御さんに医療機関受診を勧めたのですが……

Q

小学校の特別支援教育コーディネーターです。通級支援教室の担当です。

通常学級の3年生で、姿勢が保てず、注意が散漫で、読み書きに苦戦しているお子さんがいます。今は、ベテラン担任の個別配慮が行き届き、クラスの友だち関係もよく、大きな問題なく過ごせています。学校では快活ですが、朝には登校しぶりがあるようです。お母さんには「勉強がわからないから、学校いきたくない」と言っているようです。

校内委員会で相談した結果、お子さんに何らかの発達障害などの問題があると考えて、いずれは通級の利用を勧めたいとの方向が出されました。その前に、お子さんの実態を親御さんと共有するために、病院の受診を勧めたところ、保護者の方が「病院に行くとどんなことをしてくれて、どんな効果があるんですか？うちの子の場合には、読み書きがうまくできなくて、じっと坐ってられないだけなので、塾などに通わせた方が効果的なのでは？」と質問されました。

言われてみればその通り。どういうふうに考えればいいのでしょう？

なお、その病院は、本校の児童が何人か世話になっており、検査結果の伝え方などから信頼できる病院と思っています。

A

親御さんのおっしゃるとおりですね。

大ざっぱに言えば、「治るなら病気、治らないなら障害」。そして、病院やお医者さんの得意分野は「病気を治す」こと。

「咳が出る」という患者さんが来たらその咳が百日咳か、喘息か、風邪かを見極めて、適切な薬を処方したり点滴などの処置をしたりして治します。厳密には「自ら治るのを手伝う」のですが。

だから、お医者さんは最初の診断が肝要。診断を間違えると薬の処方が間違い、治る病気も治りません。

一方、ご質問のお子さんのような、苦手さがあるといった程度の発達障害、発達凸凹に関しては、お医者さんであっても、一部、発達障害のプロ以外には、正確に診断できるとは限りません。

そのうえ、正確に診断できたとしても、医学は発達障害に対する治療の方法をもっているわけではありません。①日常生活の中での適切な配慮、②学びにくさを補完するような工夫、③叱られるのではなく寄り添って教えてもらえる環境づくりが、最大の「治療」であり、それは身近にいる親や教師の仕事ですから。

子どもの実態を理解するための検査

まずは、担任や保護者が、お子さんの苦手な点、苦戦している状況、悲しい気持ちなどを理解しましょう。

子どもの理解のために使われるツールとして発達検査や読み書き能力の検査があります。

質問者は、「保護者の方とお子さんの実態について共通理解をもつために」検査およびそれにもとづく診断を期待して病院受診を勧められたのですよね。お勧めになった病院はすでに関係が取れていて信頼できるとのこと。ですので、「お子さんの苦手さを知り、自分たち教員の側でどんな工夫をしていけるのかを、保護者と一緒に相談しながらやっていきたいので、その手がかりとなる情報をもらうために受診をお勧めしました」と、はっきりお伝えになるといいのではないでしょうか。

必ずしも医療機関でなくても

そのような検査は、自治体によっては、医療以外でも、行なっているはずです。質問者の自治体には通級学級があるということです。通級開始に際しての就学相談で、何らかの検査を行なっているのではありませんか？　その検査担当者が、発達障害についての知識や経験のある方でしたら、検査はそちらに依頼して、検査結果を保護者にお伝えする際に、お子さんの苦手さや、得意な点、接し方の工夫などを合わせて話していただくよう依頼してみてはどうでしょうか？

塾も通級もOK（ただし、子どもに向いていて、オススメの先生がいるなら）

読み書きが苦手なお子さんの多くは、「みんなと同じように努力してるのに、どうしてできないんだろう?」「お母さんの期待に応えられないボクはダメなヤツだ」と自分ひとりで苦しんでいます。「学校に行きたくない」は、お母さんとの間に安心して本音を言える関係が築かれているからこそ出せた「通常の学級はつらいよー」というSOSサインと思われます。このサインに応えて、思春期、青年期を見すえ、自己評価が下がらないよう、最大限の配慮をしてあげてください。

保護者がおっしゃる「読み書きが苦手なだけだから、塾などに通う方が効果的なのでは?」というご意見ももっともです。子どもの実態を把握、理解した上で、適切な接し方、個別配慮のある指導をしてもらえる塾が見つけられるなら、役に立つに違いありません。

また、週に1回程度通級学級に通って、「君はがんばってるね」「そのままの君でステキだよ」と言ってもらえることが励みにもなるでしょう。医療機関受診は必須事項ではありませんが、保護者との関係がスムーズに進むといいですね。

※参考になる本
『新版　子どもの精神科』山登敬之著（筑摩書房）
『発達障害の子の読み書き遊び・コミュニケーション遊び』木村順監修（講談社）

お子さんの特性や困難をなかなか理解してくれない保護者

Q

小学校の通級指導教室の教員です。発達に特性のあるお子さんが多く通って来ており、小グループでのソーシャルスキルトレーニングや個別での学習支援などを行なっています。

においや触覚にとても敏感、視覚的な処理がうまくできない、姿勢が保てないなど、学習以前のところで困難を抱えているお子さんがとても多い印象です。

私は特別支援学校に勤務していたころ、同僚と感覚統合の勉強をして、いささかは、彼らの状態を理解する糸口をもてたような気がします。ですから感覚の違いで苦戦しているお子さんたちの事情を、保護者の方たちに何とか理解していただきたいと思っています。

けれども、読み書きができ、成績のよいお子さんですと、保護者はお子さんの大変さをなかなか理解してくださらず、がんばりが足りないととらえてハッパをかける感じになってしまいがちです。

ただでさえ、自己評価が低く、自信をなくしやすいお子さんたちなので、一番近いところにいる保護者に、「大変なんだねぇ」「がんばっているんだね」と言ってあげてほしいのですが、わかってもらいやすい説明の方法がありますか？

A 人はみんな違うという理解

「わかってもらいやすい説明」は、なかなか難しいです。人は自分の体験以外はなかなか信じない動物ですから。

雑音の中にいると頭が痛くなったり、ほかの人のパソコンの壁紙画面のぐちゃぐちゃ模様を見たとたんに「おえっ！」と吐きそうになる人もいます。私のことです。そのパソコンの持ち主は、その模様が好きだから壁紙にしているわけですから、感じ方の違いに驚きます。

感覚統合の視点から説明できると、保護者も少し理解しやすくなるでしょう。

「体験」してもらうため、まずは当事者の意見を聞く、読む

ご質問のお子さんの具体的な特性は正確にはわかりませんが、「当事者」の方たちが本やネットでご自分のことをいろいろ発信してくださっています。

「ええっ！　知らなかった。そんなことがあるんだ！」と思っていただくためにニキ・リンコさんと藤家

寛子さんの対談による『自閉っ子、こういう風にできてます！』（花風社）を手始めにいかがでしょう？

本の造りの好き好きがありますし、また「自閉」という題名だけで拒否する保護者もおありでしょう。「人の感覚の違いは、その人でないとわかりませんが、たとえば、こんなことを書いている人がいて、興味深いですよ」程度のオススメで手にしてもらえるといいのですが。

雨の粒が肌に当たって痛いとか、コタツに入ると足がなくなる……とか、実際信じられないお話が真面目に語られていて、異文化体験ができます。

私自身は、この著者の方たちの連続線上のところにいる自覚があるので、「そういうこと、ありえる、ありえる」と思いながら読んだのですが。

百聞は一見にしかず——アーレン研究所のサイトやカラーシート

発達系のお子さんでは、光がまぶしかったり、白い紙に書かれた黒い文字が読めなかったりすることがあります。ディスレクシア（読み書き困難）のお子さんにも多く見られることですね。

こういうお子さんたちが特定の色のレンズのメガネをかけたり、本のページに色のついたシートを乗せて読むようにするだけで、とても生活しやすくなることがあります。

「アーレン・シンドローム」と名づけられ、ヘレン・アーレンという方が精力的な研究を行なっているのだそうです。これに関連する情報を収蔵した「アーレン研究所」サイトの中に、いろいろな見え方の例が動画で納められています。「これじゃあ、読めないよね～」と深く同情したくなるような動画です。

保護者には「（お宅の）お子さんがこうだ、と言うつもりではないのですが、実際に、こんなふうに見えている人もいるかもしれないんですよ、大変ですよねぇ」程度のご案内で紹介します。サイトの説明文は英語ですが、動画は見るだけなのでわかると思います。

アーレン研究所 http://irlen.com/ ⇩ See Sample Distortions

また、クロスボウ社の「オーバーレイカラーシート」や「リーディングルーラー」は割合安価に手に入ります。これを使って「わー、見やすい！」ってお子さんが言ってくれると、親御さんも「へぇ〜、見え方の違いはほんとにあるんだな」って思ってくださるかもしれません。

子どもが自分自身のことを語れるように

保護者の視野を広げる働きかけと並行して、子どもが自分自身の感じ方や大変さを自分のことばで語れるようにすることはとても大事なことです。

そのために、通級の中でいわゆる当事者研究のような取り組みを行なって、子ども自身が自己理解を深め、言語化して、もっとも身近な保護者に伝えられるよう後押ししてあげましょう。

保護者に正面から聞かれると、答えに窮してしまいます……

Q

保健師です。私の属する自治体は乳幼児健診後フォローシステムの中に心理、言語、発達健診担当の小児神経専門医が加わって遊びの教室や個別相談の時間が用意されています。専門的なことはそれぞれのスタッフにお任せし、保健師はカンファレンス情報を把握して全体を見る役割をとっています。ですから、保護者から保健師に質問されることは少ないのですが、まれに、家庭訪問の折などにフォロー教室に通うことに納得がいかない保護者から「うちの子は自閉症なのでしょうか？」とか「教室に通えばよくなるのでしょうか？」と正面から質問されることがあります。今は「そうですねぇ。ご心配は先生にお伝えしておきますから、今度の個人面談のときに聞いてごらんになってはどうですか？」とかわすのですが、本当は、きちんと受け止めて答えるべきなのではないかと気がとがめます。

A

支援者と言われる側にいる人は、誰もがかかえている気持ちだと思います

私自身が若き日、病院のリハビリテーション部門に勤めていたころのことを思い出しました。ある日突然脳血管障害で倒れて病院に担ぎこまれ、一命は取りとめたものの障害が残った患者さんのご家族に「治るのでしょうか?」と質問されることが少なくなく、専門家と言われる私たちであっても、正面から聞かれると、いつも、ひるんでしまいました。

脳血管障害が原因である以上、「完全にもと通りにはなりません」というのが正確なお返事ではあるのですが、でも、たぶん多くのSTは「元通りになるのは難しいかもしれませんが、ごいっしょにできるところまでやってみましょう」というぼかした答え方をするのではないかと思います。

こういう煮え切らなさは、私たちが専門家であると同時に支援者でもあるということの証だと考えてはいかがでしょう。つまり、事態を正確に伝えることと同時に、家族が希望をもってこれからの生活に対処できるよう配慮しなければならない。そのためにあいまいさや煮え切らなさが入りこむ余地があるのだ、と。

保護者の気持ちを正面から受け止めて、ウソはつかずに、でも、希望を処方する、ということです。

全体を見る保健師は保護者を支える役割

乳幼児健診の実施は母子保健法で決められているので全国一律行なわれていますが、健診後のフォローの仕組みはまだまだ整っていないのが現状と思います。質問者の自治体はフォローの仕組みが整っているとの

こと、それを聞いただけでも、うれしくなります。

適切な専門スタッフがいらっしゃるのでしたら、「(専門の)先生に聞いてごらんなさい」と答えるのでいいと思います。心理にせよ言語にせよ小児神経科医にせよ、そのことを中心に仕事をしてきた方は目も確かですし、はっきり聞かれれば、はっきりした答えも用意できると思います。また、イエスかノーかの見立てだけではなく、どうしてそう考えるのか、の理由も説明できるはずです。もし、現在の専門家が納得のいく説明に欠けているようなら、ぜひ、その方たちを理由を説明する専門家になるよう教育してあげてください。また、障害の有無のご託宣だけではなく、どういう対応をすれば伸びる可能性があるのかも同時に説明する専門家になってくれるよう育ててください。

保健師は保護者の側に立つ専門職なのですし、保護者が障害のあるお子さんとの生活に取り組むには「納得」が必要だからです。

弱い点だけでなく、育ちそうな芽にも気づけるように伝える

私は、1歳代とか2歳時点での気になる行動が、年齢とともにかげをひそめて通常の社会生活に確実に乗れるようになっていくお子さんに日々お会いするので、「障害でしょうか?」と聞かれて、即答することができません。もちろん、「ようすを見ましょう」ではなく、フォローグループ参加などの望ましい接し方をしていけば、の話ですが。

そこで私が編み出した答え方は次のようなものです。育ちの弱い点とともによく育っている芽も伝える、

ということ。

「○○ちゃんは、ものを並べることに熱中したり、呼んでも常には振り向いてくれなかったり、自閉症やその傾向をもつお子さんと同様の行動が見られます。でも、一方では、おもしろい物を見つけると必ず『あ！』と言って大人と目を合わせて知らせてくれますし、特に追いかけっこなど体を動かす遊びに誘うととても楽しそうにいっしょに遊びますよね。この行動はとてもナチュラルなものです。こんなふうに人とのかかわりの中で興味が広がり、ことばへの関心が高まっていけばいいのですから、今の時点で障害があるかないかを決めるよりは、視線を合わせてくれて笑顔になるチャンスをなるべく増やすようなかかわりをすることが大事なのだと思いますよ。遊び方の例のプリントを差し上げますから、おうちでもせっせとやってみてください。変化のようすをいっしょに見て行きましょう」と。

この答え方がいつも万全、というわけではありませんが、参考にしてください。

お母さんにショックを与えず、お子さんの問題に気づいてもらうには……

Q

就職2年目の保健師です。1歳半健診後に、気がかりのある子どもたちのために月2回のフォローグループがあり、毎回、終了後にミーティングをしています。

あるとき、ミーティングでベテランの心理の先生が、「私はお母さんに『うちの子、自閉症ですかね。先生はどう思われますか？』と聞かれたら『聞かれたから言うよ、お宅のお子さん、自閉症です』って言うわ」とおっしゃっていました。

また、お誘いしてもなかなかグループに来てくれないお母さんに、どう話をすればよいかをお尋ねすると、「その子が遊んでいるようすを一緒に見ながら、『この年齢ならこういうことができるはずなのだけど、この子はできないですよね』という話を積み重ねて、自分の子の問題に気づかせる」ということでした。

話を聞いていて、悲しくなりました。私はまだ経験が浅いので、お子さんの評価もお母さんの評価も不十分ですが、この言い方は違うのでは……と思うのです。チームの中にも、この先生の考えに違和感を感じている方もいるし、そのように厳しい目で保護者をみることこそが専門家の役割だと考えている人もいます。

障害の可能性の早期発見・早期支援と、お母さんの気持ちを大切に、時間をかけて必要な場にムリなくつなぐことのかねあいをどう考えたらいいでしょう。

A

「何となく違うのではと感じる」感覚は大事にしてください

私も、この30年近くをあなたとまったく同じ疑問をかかえながら、健診後の相談の仕事に当たってきました。いまだ、答えは手に入っていません。でも、第一にお伝えしたいのは、「この言い方は違うのではないか？」という感覚を大事にしていただきたい、ということ。

自分の感覚を大事に仕事を続けると、段々に見えてくるものがあると思います。

正面から尋ねてくる親御さんには正面から答えるのも

「自閉症でしょうか……」と正面から尋ねるのは、大きな覚悟があってのこと。「違いますよ」と言ってもらいたい気持ちが半ばではあるでしょうが、育てにくさ、他の子との対比などから、違和感があり、障害の可能性をかなり強く感じておられることが多いと思います。

そんなとき「聞かれたから答えますよ、お子さんは自閉症ですよ」とストレートに答えるのも大事な一つの行き方です。

ストレートに伝えたスタッフのことを「ひどい言い方をされた、一生忘れない」とうらんでいたのが、時間がたつと「あのときはっきり言ってもらえてよかった。たくさん泣いたけど、覚悟が決まって早くから療育を始められたのがこんにちの成長につながったと思う」と気持ちが変化する方だってあります。

正面から答えない、という行き方も

一方、ぼやかした返事をして、徐々に気づいてもらう方向に行くのも、決して間違いではないと思います。

ほかの子の順調な成長を目の当たりにして、親御さんがわが子の実態に気づかざるを得ない時期が必ず来ます。そして、熟した実が落ちるように、自然な形で支援につながることもよくあるからです。

「まだ覚悟ができてないときに、ムリやり障害を突きつけられないで済んだのがよかった。あの後、自然に自分で気づくことができた」と笑顔で話してくださるようになったらうれしいですよね。

その反面、「真綿で首をしめられているような気持ちが長い間続いてつらかった」と打ち明けられることもあります。「障害なら障害と早く言ってもらえたら、覚悟が決められたのに、回り道してしまった」と。

対人援助職とは、正解のない仕事。どの選択にも◯もあれば×もありえます。

専門家がいつも正しいわけじゃないが保護者と共に歩くこと

私も、親御さんに「自閉症でしょうか？」と聞かれることがあります。そんなときには「目が合わないわけではないけれど一方通行的。応答の弱さは確かにありますから、自閉症じゃない！　とは言い切れないけれど、今のところは『より丁寧なかかわりが必要なお子さん』というとらえ方をしたいと思います。積極的な遊びなど対応が変わると、大きく変化する可能性もありますし」と見立てと見通しを極力正確にお伝えし、グループ参加を了承していただくことにしています。

専門家だからといって、断定したり、上から目線で押し付けたり、従わせたりするのは避けたいものです。「専門家」の判断の精度は親御さんよりは高いかもしれませんが、常に正しいとは言い切れないからです。

質問者が「ちょっと違う」と感じるのはこの点なのではないですか？

「専門家ではあるけれども、私の判断は仮の判断」と一歩引いたかかわりが必要と思います。

「保護者と専門家は、子どもの健やかな成長を共に喜び合う仲間」

「きついことも言われたけれど、私の気持ち、受け止めてもらえた、大事にしてもらった」という思いを親御さんにもってもらえるような専門家をめざして共にがんばりましょう！

おわりに

平成19年（2007年）4月1日、特別支援教育の開始にあたって、文部科学省初等中等教育局長名で出された通知「特別支援教育の推進について」を、私は何回も何回も読み返しました。今読んでも、感動します。その通知の冒頭「特別支援教育の理念」の後段にはこう書かれています。

「さらに、特別支援教育は、障害のある幼児児童生徒への教育にとどまらず、障害の有無やその他の個々の違いを認識しつつ様々な人々が生き生きと活躍できる共生社会の形成の基礎となるものであり、我が国の現在及び将来の社会にとって重要な意味を持っている。」と。

互いの立場や役割や考え方は異なっていてもいっしょにやっていけるはず、いっしょにやっていこう、それが未来を作るということだ、と呼びかけられているように感じます

互いの違いを知り、認めることから出発しよう。それは私の信念でもあります。

この本の中で、私は、保護者に寄り添い、時間をかけてわかり合おうとする態度の大切さを繰り返しお伝えしています。でも、寄り添うだけではなく、伝えるべきことはきちんと伝えることも、時として必要です。それが立場をわきまえ、役割を果たすことだからです。ホットなハートとクールなマインド。その両方をあわせもち、かつ、自分を客観視できるように成長したいものです。

全国の「ことばの教室」の先生方や保護者がずっと大切にしてきた標語があります。「子どもを真ん中に親と先生が三人四脚で進もう」

三人四脚でころばないためには、互いの歩幅の違いを知り、相手に合わせて速度や歩幅を調整し、声をかけ合っていっしょに進もうとする能力が必要です。

保護者支援ということばからは、「支援する—支援される」という関係を思い浮かべがちです。そうではなく、子どもを真ん中に、互いを尊重しながら、三人四脚で進むことのできる自分になろうとすること。それが、関係者と保護者両方にとって、本当の意味での保護者支援につながるのだと思います。

この本は、月刊「発達教育」の連載「親の気持ち——理解し、支えるために」の一部をまとめたものです。こころよく単行本化を認めてくださった発達協会に感謝します。

カバーイラストは、『1・2・3歳　ことばの遅い子』（ぶどう社）以来のお付き合いの林やよいさんにお願いしました。少し気になるお子さんかな？と思える子どもの独特な動きや表情はさすがです。小さいころ気になった子も、みんなに支えられて育てば、ちゃんとそれなりに大人になっていくことも多い、という長期的視野からのメッセージもさりげなく込められています。ありがとうございます。

70歳の節目が近づき、あと、私が言い残すべきことは何だろう？と考えたときにこの連載のことを思い出し、学苑社にお願いすることにしました。山ほどの連載原稿の中から、適切に取捨選択して、本の形に整えてくださった学苑社の杉本さんには本当にお世話になりました。

支援者といわれる先生方や専門職、また、保護者の方たちがそれぞれの持ち場で、その人にしかない弱みと強みを生かし、その人らしく、十分に力を発揮してくださるよう、微力ながら、エールを送り続けたいと思っています。

中川信子

著者紹介

中川信子（なかがわ　のぶこ）

職　種：言語聴覚士（ST：Speech-Language-Hearing Therapist）
子どもの発達支援を考えるSTの会代表

略　歴：国立聴力言語障害センター付属聴能言語専門職員養成所卒業。
旭出学園教育研究所・調布市総合福祉センター、調布市保健センターなどを経て、現在は東京都狛江市で就学前幼児のことばの相談にあたるほか、小中学校の特別支援教育巡回専門家チームに参加し、保健・福祉・教育の分野にわたって、子どもの健やかな発達を応援することをめざしている。
保健師、療育関係者対象の雑誌への連載や、各地での講演活動を行なっている。
個人ホームページ　そらとも広場　http://www.soratomo.jp

主な著書：『健診とことばの相談』『ことばをはぐくむ』『1・2・3歳　ことばの遅い子』（ぶどう社）
『子どものこころとことばの育ち』『ことばの不自由な子どもたち』（大月書店）
『発達障害とことばの相談』『はじめて出会う育児の百科』（小学館）
『生まれたときから　ことばを育てる暮らし方』（保健同人社）
『子どもの発達に合わせたお母さんの語りかけ』（PHP研究所）
『発達障害の子を育てる親の気持ちと向き合う』（編著　金子書房）　など多数

公益社団法人発達協会発行の『発達教育』での連載「親の気持ち――理解し、支えるために」（2008 年～2017 年 1 月）から抜粋し、加筆・修正しました。

装画　林やよい

装丁　有泉武己

Q&Aで考える
保護者支援
――発達障害の子どもの育ちを応援したいすべての人に

2018年 4 月20日　初版第 1 刷発行
2024年 7 月20日　初版第 7 刷発行

著　者　中川　信子
発行者　杉本　哲也
発行所　株式会社学苑社
東京都千代田区富士見 2 -10- 2
電話　03（3263）3817
Fax.　03（3263）2410
振替　00100-7-177379
印刷・製本　藤原印刷株式会社

検印省略

乱丁落丁はお取り替えいたします。
定価はカバーに表示してあります。

ISBN978-4-7614-0798-8　C3037